은혜가 더 크다

나의 죄악
수치 후회 상처
원망 보복 분노
실망 연약 절망 보다

은혜가 더 크다

카일 아이들먼 지음 | 유정희 옮김

규장

추천사

카일 아이들먼은 절대 지루하지 않다. 그는 사람들을 진정시키지 않는다. 오히려 그 반대다. 그는 항상 자극하고, 흥분시키고, 도전한다. 이 책을 읽고 나면 당신은 '은혜'를 새로운 시각으로 보게 될 것이다. 당신이 사랑하는 하나님을 새로운 시각으로 보게 될 것이다. 이 책을 읽고 힘을 내라.

맥스 루케이도 복음주의 대표 작가, 《은혜를 만끽하는 비결》 저자

'은혜'는 내가 가장 좋아하는 주제이며, 카일 아이들먼의 새 책은 매력적인 이야기들과 통찰을 통해 거기에 새 생명을 불어넣는다. 은혜보다 더 큰 것은 없다. 은혜를 찬양하고, 삶으로 체험하고, 은혜를 나누라!

리 스트로벨 우드랜즈교회 교회 목사, 《특종 믿음 사건》 저자

카일 아이들먼은 주목할 만한 작가다. 그는 자신의 마음과 하나님의 말씀을 열어 보이며, 감동적이고 의미 있는 이야기들을 나누고, 깜짝 놀랄 정도로 솔직하게 자신의 약점들을 고백한다. 그는 또한 풍자적인 유머 감각을 지녔다. 그것은 그가 제시하는 중요한 교훈을 깎아내리는 것이 아니라 더 향상시킨

4

다. 이 책은 실제적이고 감동적이다. '은혜'라는 하나님의 놀라운 선물을 통해 '자유'에 이르는 명쾌한 길을 제시해준다. 그 점이 참 좋았다!

리즈 커티스 힉스 《성경의 나쁜 여자들》 저자

예수님을 따르는 자로서 나는 카일 아이들먼의 팬이 될 수밖에 없다. 그는 먹고 자며 하나님과 마음으로 교감하는 열정으로 숨을 쉬는 것 같다. 그런 관계는 우리가 하나님의 은혜를 그분이 우리를 구원하시기 위해 하신 일로만 국한하여 생각한다면 이루어질 수 없다. 하나님의 은혜가 우리 삶의 가장 지저분한 부분까지 침투하여 궁극적으로 우리가 다른 사람들을 대하는 태도를 규정하는 특징이 될 때 그 일이 이루어진다. 이 책은 그 일이 어떻게 일어나는지를 알아가는 여정이다.

팀 킴멜 패밀리매터스 설립자, 《은혜 양육》 저자

그의 책들은 끊임없이 내게 영감을 준다. 그는 담대하게 글을 쓰며, 성경의 진리를 새롭고 확신 있게 전달한다. 카일은 우리가 은혜를 경험할 뿐만 아니라 우리와 접촉하는 모든 사람이 하나님의 은혜를 놓치지 않도록 도전한다. 그는 재치 있고 솔직한 지혜로 소명에 합당한 삶을 살도록 동기를 부여하며 격려할 것이다. 이 책을 강력 추천한다.

칩 잉그램 벤처크리스천교회 목사, 리빙온더엣지 대표

카일 아이들먼이 쓴 글은 무조건 읽는다! 나는 이 책을 읽기 시작하면서 책을 손에서 내려놓을 수 없었다. 은혜에 관한 그의 가르침은 나에게 도전을 주었다. 이 책에서 소개하는 하나님의 모습은 나를 편안하게 해주었고, 사람들을 묘사하는 글은 내게 영감을 주었다. 이 책으로 인해 나는 달라졌고 더 좋아졌다. 당신도 그럴 것이다.

갈렙 칼텐바흐 디스커버리교회 목사

'오, 안 돼. 또 은혜에 관한 책이야!' 이 책의 원고를 받고 나는 이런 생각을 했다. '또 다른 책이 필요할까?' 하지만 읽기 시작하자마자 곧 카일 아이들먼의 흥미로운 이야기, 즐거운 유머, 강력한 진리 그리고 은혜에 이끌렸다. 나는 큰 소리로 웃었고 눈물도 조금 흘렸다. 우리의 상심과 절망과 상처를 치유하시는 하나님의 은혜가 모든 것을 아우를 만큼 크고 능력 있고 적절하다는 것을 새롭게 깨달았기 때문이다. 이 책을 읽고 난 뒤 나는 내 질문에 대해 이렇게 답했다. '그래, 내게는 은혜에 관한 또 한 권의 책이 필요해.' 우리 모두 그러리라 생각한다.

신시아 힐드 《은혜의 여인 되기》 저자

카일은 '은혜'를 이야기하며 모든 사람이 거기에 동참하도록 이끈다. 독자들은 이 책을 통해 매일 하나님의 사랑과 자비를 받아 누리고 그것을 다른 사람들에게 거저 나눠주도록 도전받을 것이다. 첫 페이지부터 마지막까지 은혜가 다른 무엇보다 더 크다는 것을 알게 될 것이다.

마크 배터슨 내셔널커뮤니티교회 목사, 《올인》 저자

카일은 모든 무의미한 말들을 가로질러 우리를 영적으로 가장 중요한 곳으로 곧장 인도한다.

저드 윌하이트 센트럴크리스천교회 목사

오리처럼 꽥꽥거리면 오리일 거라고 판단하는 것과 달리, 어떤 책이 은혜에 대해 이야기한다고 해서 그 책이 '은혜'를 안다고 단정할 수는 없다. 다행히 이 책은 은혜를 이야기하는 동시에 은혜를 안다. 이 책을 직접 읽어보라. 그리고 아무 조건 없이 은혜로 그것을 누군가에게 나눠주라.

존 블레이스 시인, 《모든 것이 은혜다》 저자

이 책은 단지 하나님의 은혜의 아름다움과 숭고함을 요약할 뿐만 아니라, 그의 은혜가 우리를 발견해내고 우리가 직면해 있는 산기슭에서 우리를 만나 우리를 일으키고 완전히 깨끗하게 하며 믿기지 않는 용서의 품 안으로 우리를 초대하는 아름다운 이야기이다. 이 책은 당신 자신의 영을 깊이 살펴보라는 초청이다. 당신을 사로잡고 있는 걱정, 후회, 추측들을 내려놓고, 가장 근본적이고 깊은 차원의 하나님 사랑을 온전히 받아들여라.

에밀리 레이 《Grace, Not Perfection》 저자

카일은 글솜씨가 좋다. 그의 펜이 종이에 닿을 때 하나님께서 그를 사용하여 우리 영혼을 움직이시고 상상력을 넓혀주신다. 이 책에서 당신은 하나님의 은

혜가 당신의 실수나 상처보다, 당신의 환경보다 더 크다는 것을 알게 될 것이다. 이 책을 사랑하게 될 것이다.

당신의 실수, 상처, 환경으로부터 도망치는 데 지쳤다면, 이 책을 읽으라. 정확한 성경적 진리, 눈을 뗄 수 없는 이야기, 날카로운 적용으로, 당신을 은혜의 자리로 인도할 것이다. 이 책에 담긴 진리를 개인적으로 적용할 때 은혜가 당신을 찾아내고 하나님이 당신을 안아주시는 것을 알게 될 것이다. 당신 자신을 위해 한 권을 사라. 그리고 10권 더 사서 사람들에게 나눠주라!

Greater

>>>

하나님의 은혜에
이르도록

5년 전 전국을 다니며 여러 교회와 컨퍼런스에서 예수님을 따르는 것을 주제로 말씀을 전했다. 나는 《팬인가, 제자인가》라는 책을 통해, 스스로 그리스도인이라고 하는 자들에게 예수님의 팬이 아니라 제자가 되라고 도전했다. 예수님은 우리에게 나를 따라오려거든 자기를 부인하고 자기 십자가를 지라고 하셨다.

그런데 우리의 성향은, 특히 서구세계에서는 자기를 부인하지 않고 예수님을 따르려 한다. 예수님의 초청을 받아들이기 원하지만 편안한 것에 사로잡혀 있다. 그러니까 십자가를 지지 않고 예수님을 따르려고 한다는 것이다. 다시 말해 우리는 예수님을 가까이 따르기 원하지만, 그 '가까이'라는 것이 어떤 혜택을 얻을 만큼이지 우리에게 무언가 요구하실 만큼 가까이는 아니라는 것이다.

예수님은 사람들을 초청하실 때 그들을 불편하게 만드셨다. 실제로 얼마나 불편했는지 많은 사람이 예수님을 떠나가는 것도 드문 일이 아니었다. 나는 이 메시지를 전할 때마다 속이 상해서 흥분하게 된다. 나는 많은 그리스도인들이 예수님의 뜻 대신 자기 마음대로 예수님을 따라도 괜찮다는 생각이 얼마나 잘못인지를 깨닫고 불편함을 느꼈으면 한다.

어느 날 밤 앨라배마 주 버밍엄에 있는 앨라배마 대학교의 남성 컨퍼런스에서 말씀을 전하고 있었다. 나는 수천 명의 남성들로 가득 찬 곳에서 말씀을 전할 때 특히 더 강하게 말한다. 말씀을 마치고 나서 무대 뒤로 걸어가며 수천 명의 남성들을 한꺼번에 강타했다는 생각에 기분이 좋았다. 잠시 그곳에서 몇몇 남성들과 인사를 나누고 책에 사인을 해주기도 했다. 그중 한 사람이 내게 성경 장절을 휘갈겨 쓴 종이 한 장을 건네주었다.

히브리서 12:15

나는 그에게 어떤 구절인지 묻지 않았다. 약간 한심하게 들리겠지만,

어떤 사람이 성경 구절을 제시하면 보통 나는 그 구절을 몰라도 아는 척하려고 한다. 당신이 아무 구절이나 말해도, 나는 아마 그 구절을 잘 알고 청년 때부터 외우고 있던 것처럼 고개를 끄덕일 것이다.

어쨌든 나는 그에게 고맙다고 인사하고 그 종이를 주머니에 쑤셔 넣었다. 그리고 잊어버렸다. 내 주머니 속에 들어간 것은 결국 둘 중 한 운명에 처하게 된다. 부러진 이쑤시개나 껌 종이와 함께 쓰레기통으로 들어가거나, 아니면 내 청바지 주머니 속에 그대로 있다가 세탁기로 들어가 건조기 속 먼지 필터에 모이게 되거나.

그러나 그날 밤에는 집으로 가다가 야식을 먹기 위해 드라이브스루 (drivethrough) 식당에 들렀다. 잔돈이 있는지 보려고 주머니에 손을 넣었다가 그 종이를 꺼냈다. 주문한 음식을 기다리는 동안 휴대폰으로 히브리서 12장 15절을 찾아보았다. 잘 아는 구절이었지만 이번에 읽을 때는 다르게 느껴졌다. 혹시 어떤 성경 구절을 봤을 때 당신이 그것을 읽는 것이 아니라 하나님께서 당신에게 그 구절을 읽어주시는 것처럼 느껴졌던 때가 있는가? 그때가 그랬다.

그날 밤 드라이브스루에 간 이후 이 책을 쓰기까지 하나님께서 나의 여정을 인도해주셨다. 나는 여전히 예수님을 온전히 따르는 것이 무엇을 의미하는지 사람들에게 도전하기를 좋아한다. 하지만 마음 한구석에서 항상 성령이 내게 이렇게 속삭이시는 소리를 듣고 있다.

"하나님의 은혜에 이르지 못하는 자가 없도록 하라."

"이르지 못하는"으로 번역된 말은 "받지 못하는", "얻지 못하는", "경험하지 못하는"이라고 번역될 수도 있다. 이 책을 읽는 독자들이 삶 속에서 하나님의 은혜를 받고, 얻고, 경험하게 되기를 기도한다.

은혜가 더 크다

해마다 연초에 사전에 추가된 새 단어들을 알리는 기사 한두 개쯤은 발견할 수 있다. 나는 1년 전에는 없었던 단어, 적어도 공식적으로 인정되지 않던 단어가 공식 사전에 들어간 것을 볼 때마다 항상 매우 흥미롭다.

그렇지만 나는 이런 새 단어들을 자주 사용하지는 않는다. 사람들에게 아직 익숙하지 않은 단어를 일부러 사용하는 것이 조금 유치해 보이기도 하고, 심지어 약간 고지식해 보이기도 해서다. 그런데 올해는 새롭게 인정된 단어들을 보며 단어의 정의를 보기 전에 먼저 그 단어의 의미를 추측해보기로 했다. 예상보다 어려웠다. 내가 가장 좋아하는 새 단어 세 가지를 말해보겠다. 그 뜻을 한번 알아맞혀보라.

phonesia
disconfect
blamestorming

각자 자신만의 정의를 내려보았는가? 그럼 실제 뜻을 살펴보자.

Phonesia

나는 이 단어가 'phone'(전화)과 'amnesia'(건망증)와 관련된 명사일 거라고 생각했다. 내가 추측한 정의는 이러했다. "휴대폰을 사용하고 나서 몇 분 뒤에 자신의 휴대폰을 어디에 두었는지 잊어버리는 현상."

실제 정의는 다음과 같다. "전화를 걸어서 상대방이 전화를 받았을 때 자신이 누구에게 전화를 걸었는지 잊어버리는 행위."

Disconfect

힌트를 하나 주겠다. 이 단어는 할로윈 즈음에 사용하면 유익할 것이다. 다음은 이 단어가 사용된 예다. "소년은 'disconfect' 한 사탕을 먹어도 되는지 어머니에게 물었다."

이 단어의 정의는 다음과 같다. "땅에 떨어진 사탕을 입으로 후 불어서 소독하려는 시도."

Blamestorming

이 단어는 회사에서 잘 사용될 것이다. 틀림없이 브레인스토밍 (brainstorming)이라는 단어를 이용했을 것이다. 정의는 다음과 같다. "회사의 문제를 해결하려고 노력하기보다 그것이 누구 책임인지를 논하는 것."

이것은 새로운 의미를 담은 새 단어들이다. 이 단어들이 재미있고 우리의 관심을 끄는 이유는 그것이 새로우면서도 뭔가 익숙한 것을 규정하기 때문이다.

처음부터 다시 보는 '은혜'

'은혜'(Grace)는 우리에게 새로운 단어가 아니다. 그것은 익숙하고 그래서 더 문제가 될 수 있다. 오랫동안 여기저기서 듣고 자주 말하던 단어를 사용할 때 사람들은 따분해하는 경향이 있다. 은혜라는 단어 역시 너무 흔해서 그렇게 놀랍게 여겨지지 않는다.

내가 어렸을 때 나온 켈로그 콘플레이크 광고를 기억한다. 틀림없이 켈로그 직원들은 연구 끝에 그들의 많은 잠재적 고객들이 켈로그의 콘플레이크를 먹고 자랐지만 최근 몇 년간 이 제품을 사지 않았다는 것을 알았을 것이다. 그래서 그들은 이와 같은 광고 문구를 생각해냈다. "켈로그 콘플레이크 - 다시 처음으로 맛보세요."

그들은 사람들을 자사 제품으로 다시 끌어들이기 위해 마치 전에 먹어본 적이 없는 것처럼 켈로그의 콘플레이크를 먹어보라고 권했다.

이 책을 읽는 독자 중에 많은 이들이 '은혜'에 관한 설교를 수없이 들었으리라는 것을 잘 안다. '은혜'에 관한 책도 여러 권 읽었을 것이다. 하지만 당신이 이 단어를 다시 처음으로 보기를 나는 기도한다.

쓴 뿌리

히브리서 12장 15절은 이렇게 말한다.

너희는 하나님의 은혜에 이르지 못하는 자가 없도록 하고…

이 명령 다음으로 은혜를 놓칠 때 일어나는 일에 대해서 경고한다.

쓴 뿌리가 나서 괴롭게 하여 많은 사람이 이로 말미암아 더럽게 되지 않게
하며

은혜에 이르지 못할 때 쓴 뿌리가 자라기 시작한다. 히브리 문화에서
는 독이 있는 식물을 가리켜 '쓴'(bitter) 식물이라고 불렀다. 히브리서
저자는 '쓴 뿌리' 비유로 우리가 은혜를 잃어버릴 때 어떤 것들이 독성
을 갖게 된다는 것을 분명히 나타내고 있다. 은혜 없는 종교는 유독하
다. 은혜 없는 관계는 유독하다. 은혜 없는 교회는 유독하다. 은혜 없
는 마음은 유독하다. 쓴 뿌리가 비록 작고 천천히 자라더라도 결국 그
독성이 나타날 것이다.
이 책에서 우리는 은혜의 거대함과 그것이 우리의 삶에 미치는 영향을
살펴볼 것이다. 그러나 은혜가 없음으로 나타나는 결과도 있다는 것
을 분명히 말해두겠다. 우리가 은혜를 잃어버릴 때 원망과 분노의 독이
너무 많아져서 결국 터져나올 것이다. 죄책감과 수치심의 독이 결국 한
영혼을 파멸할 것이다.

은혜 경험하기

수많은 신학서에서 은혜의 교리를 가르친다. 그중에 일부는 내게 큰
도움이 되었다. 그러나 분명히 말하지만 이 책은 그런 책들과 다르다.
얼마든지 그 사실을 지적하는 내용을 블로그에 올리거나 내게 이메일
을 보내도 좋다. 하지만 내가 너무 재빠르게 그 의견에 동의해서 아마
재미가 없을 것이다. 나는 은혜의 교리를 가르칠 만큼의 관심도 자격
도 부족하다. 나는 은혜를 경험하도록 돕는 데 더 많은 관심이 있다.
나는 설명이 아닌 경험을 통해서 은혜를 가장 잘, 그리고 충분히 이해
할 수 있다고 생각한다.

'낭만적인 사랑'을 한번 생각해보라. 낭만적인 사랑을 이해하기 위해
과학교과서를 펴서 신경과 화학 반응과 관련한 설명을 볼 수 있다. 그
것이 도움이 될 수도 있다. 하지만 사실 낭만적인 사랑을 이해하는 방
법은 단 하나다. 낭만적인 사랑을 경험해서 아는 것이다.

어떤 것을 경험을 통해 가장 잘 이해시키려고 할 때는 이야기를 통해
가르치는 것이 가장 좋다. 이야기는 당신을 경험으로 안내한다. 성경
에는 '은혜'에 대해 가르쳐주는 이야기들이 가득하다. 사람들이 하나님
의 은혜를 이해하기 원할 때 예수님은 길고 자세하게 설명하기보다 탕

자의 이야기를 들려주셨다.

바울에게 배우는 은혜와 예수님께 배우는 은혜를 서로 비교해보라. 바울은 그의 서신에서 은혜라는 단어를 백 번도 넘게 사용하며 교회가 은혜를 이해하도록 도왔다. 반면에 예수님은 은혜라는 단어를 사용하지 않으셨다. 대신 은혜가 어떤 것인지 우리에게 보여주셨다. 두 가지 접근법 모두 유익하고 필요하다. 바울이 은혜를 설명한 동기는 분명 은혜에 대한 자신의 경험과 다른 사람들도 그것을 경험하기 바라는 열망에서 비롯되었을 것이다. 그러나 은혜를 경험하지 않고 설명만 들을 경우, 그것은 실제로 큰 효과를 나타내지 못한다. 유머를 분석하는 것은 개구리를 해부하는 것과 같다고 한 화이트(E. B. White, 미국의 소설가)의 말을 이렇게 바꿔 말할 수 있을 것이다.

"은혜를 개구리처럼 해부할 수 있지만 그 과정에서 은혜는 사라진다."

나는 신학교 수업을 해오면서 은혜라는 주제를 자세히 필기했다. 은혜를 묘사하는 성경 구절들도 많이 외웠다. 은혜에 관한 책도 많이 읽었다. 하지만 내가 은혜에 대해 가장 많이 배운 것은 나 자신의 이야기와 은혜를 경험한 다른 사람들의 이야기를 통해서다.

하나님의 은혜는 설명할 때 흥미롭지만 경험할 때는 거부할 수 없다.

삶 속에서 은혜를 놓치지 않고 은혜를 강력하게 경험하기 바란다. 또 무엇을 했든, 어떤 일을 당했든, 은혜가 더 크다는 진리를 개인적으로 경험하게 되기를 기도한다.

은혜는 당신의 죄책감을 없앨 만큼 강력하다.
은혜는 당신의 수치심을 덮을 만큼 크다.
은혜는 당신의 관계를 치유할 만큼 실제적이다.
은혜는 당신이 약할 때 붙잡아줄 만큼 강하다.
은혜는 당신의 응어리를 풀어줄 만큼 감미롭다.
은혜는 당신의 실망을 대처할 만큼 만족을 준다.
은혜는 당신의 상심을 만회할 만큼 아름답다.

은혜를 설명하는 것도 필요하다. 하지만 은혜를 경험하는 것이 꼭 필요하다.

Grace

Is

> Than   Your Mistakes

Part 1

은혜가 더 크다
내 실수보다

Greater

나의 큰 죄악보다
더 큰 용서의 은혜

>>>

우리 아들은 항상 할로윈 사탕 타기 놀이에 매우 진지했다.*내가 아들이 할로윈 놀이를 하게 한 것 때문에 벌써 화가 났다면, 당신이 은혜에 관한 책을 읽고 있다는 것을 기억해주기 바란다. 동네 지도를 펴놓고 그야말로 한 집도 빼놓지 않도록 꼼꼼히 경로를 짰다. 이것은 단순히 재미로 사탕을 모으는 놀이가 아니라 꼭 이겨야 할 시합이자 완수해야 할 미션이다. 그는 움직이기 편한 복장을 선택한다. 시합이 모두 끝나면 사탕이 담긴 가방을 가져와 무게를 잰 다음 그것을 분류한다. 아내의 영향을 받은 것이다. 초콜릿은 따로 냉동실에 넣고 나머지 사탕은 종류와 색깔 별로 정리해 둔다.

나는 그것을 모두 알고 있었다. 다만 내가 몰랐던 것은 그 아이가 스프레드시트를 만들어 사탕을 얼마나 모았는지, 얼마나 먹었는지, 남은 게 몇 개인지 기록해둔다는 사실이었다.

그 아이가 9살이었을 때 사탕 가방의 무게가 무려 2.6킬로그램이었다. 할로윈데이 밤에 아이가 잠들면 나는 으레 하던 일을 했다. 아이가 자는 동안 그 아이의 보물을 훔치는 것이다. 사탕 몇 개쯤 없어져도 눈치 채지 못할 거라고 생각했다. 그래서 세 개를 가져오고 증거를 없앴다.

다음날 일을 마치고 집으로 돌아와 현관문을 열자 아이가 나를 기다리고 있었다.

"아빠, 우리 얘기 좀 해야겠는데요."

그리고 나를 앉혀놓고 이렇게 물었다.

"저한테 하실 말씀 없어요?"

나는 살짝 긴장했고 혹시 아내가 날 배신한 게 아닐까 생각했다. *아마 그 아이가 주니어민트 초콜릿 사탕으로 그녀를 매수했을 것이다. 그때 아들은 내가 이해할 수 없는 숫자와 부호들이 적힌 종이 한 장을 내밀었고, 내 눈을 쳐다보며 내가 태피 사탕 3개를 먹었다는 걸 알고 있다고 말했다.

들킬 거라고 생각하지 못했는데, 알고 보니 그 아이는 자기 사탕을 다 파악하고 있었던 것이다. 아들에게 사실을 부정했지만 증거가 너무 강력했다. 게다가 나는 이번이 첫 범죄가 아니었다. 나는 아들에게 미안하다고 말하는 대신 몇 가지 사실을 지적했다. 이를테면 "내가 네 아버지다"라는 말 같은 것이다.

분명 사탕 몇 개가 그리 중요한 것은 아니다. 그러나 그때 나 자신에 대해 발견한 사실이 있었다. 내가 어떤 잘못을 했을 때 그것이 꼭 큰 일이 아니더라도 나는 나 자신을 방어하는 경향이 강하다는 것이다. 자기 잘못을 인정하는 것을 좋아하지 않는다. 나 자신을 열렬히 방어하고, 비이성적으로 정당화하고, 거의 대부분 내가 저지른 일의 심각성을 축소하려 한다.

사탕 세 개를 훔친 도둑으로 몰렸을 때 나의 반응이 이러하다면, 내 삶의 어떤 죄에 대해서도 역시 정직하거나 겸손하게 반응하지 않을 것이다. 내 안에 있는 모든 것을 부정하고, 비교하고, 축소하고, 정당화하려고 할 것이다. 하지만 그런 마음으로 내 죄에 접근하는 한, 나는 하나님의 은혜의 능력과 위대함을 경험할 수 없을 것이다.

>>> 추악한 진실

은혜를 아는 능력은 은혜의 필요성을 인정하는 정도와 직접적인 관련이 있다. 내 죄의 추악함을 인식할수록 하나님의 은혜의 아름다움을 알 수 있다. 성경은 거울을 들고 우리 죄의 실체를 직시하게 한다.

> 모든 사람이 죄를 범하였으매 하나님의 영광에 이르지 못하더니 롬 3:23

그러면 '모든 사람'은 누구를 포함하는가? 모든 사람은 당신과 나를 포함한다. 우리는 모두 죄를 범했다. 그전에도 이 말을 들어보았으리라. 그것이 새로운 정보는 아닐 것이다. 내 질문은, 그 정보에 어떻게 반응하느냐는 것이다. 오랫동안 나는 이런 구절들을 읽으며 혼자서 이렇게 생각했다.

'그래, 맞아. 엄밀히 말해서 나는 죄를 범했어. 하지만 그렇다고 죄를 지은 건 아니야.'

보통은 나에게 이런 식으로 말했다.

"난 그렇게 나쁘지 않아."

아내와 함께 어느 식당에서 저녁을 먹고 있는데, 50대 후반쯤 되어 보이는 한 여성이 다가와 자신을 소개했다. 그녀는 자신이 최근에 그리스도인이 된 이야기를 하기 시작했다. 그런데 그녀는 '그리스도인'이라고 하지 않고 '예수님의 제자'라고 말했다.

그녀는 다른 테이블에 앉아 있는 자신의 남편을 가리켰다. 아마 그가 그녀와 함께 인사하지 않은 이유를 설명해야 한다고 느꼈던 것 같다. 그녀는 자기 남편이 화가 난 것이 아니라 다만 좀 짜증이 나고 이해가 안 되는 것 같다고 설명했다. 나는 웃으며 그에게 손을 흔들어 보였다. 그도 손을 흔들었지만 웃지는 않았다. 그가 손을 흔드는 모습은 마치 교차로에서 다른 차에게 양보할 때 하는 바로 그런 손짓 같았다. 나는 그에게 가서 내 소개를 했고 우리는 1,2분간 이야기를 나누었다.

다음날 나는 그 두 사람에게 이메일을 보냈다. 만나서 반가웠고 혹시 질문이 있으면 내가 도와줄 수 있을지 모르니 알려달라고 했다. 그후 두 달 동안 아무 연락이 없었다. 그러던 어느 날 그 남편에게서 이메일이 왔다. 그는 자신의 아내에게서 본 변화들에 대해 이야기했다. 그녀는 더 친절하고 인내심이 많아졌다고 했다. 좀 더 밝아 보인다고도 했다. 하지만 그는 이런 변화를 기뻐하기보다는 회의적이었다.

다음은 그가 보낸 이메일의 일부 내용이다.

"그녀는 지금 훨씬 더 행복해 보입니다. 하지만 제가 보기에 그녀는 단지 제가 맹목적으로 빠지게 만들려고 하는 것 같아요."

나는 이 이메일이 그냥 하는 말이 아니라는 것을 알았다. 그는 내게 손을 내밀고 있었다. 하지만 그것을 말하고 싶어 하지 않았다. 나는 그에게 답장을 보냈고, 아내와 함께 교회에 나와 예배를 드린 후에 잠시 나를 만나지 않겠냐고 물었다.

우리는 작은 방에 앉아 있었고, 나는 그에게 복음의 기쁜 소식을 전하기 시작했다. 로마서 3장 23절로 시작해서, 모든 사람이 죄를 범하여 하나님의 기준에 미치지 못한다는 사실을 지적했다. 그러자 그는 즉시 방어적인 태도를 보이며 말했다.

"저는 그렇게 나쁜 사람이 아닙니다. 많은 사람들이 저를 착한 사람이라고 생각할 걸요."

그는 자신에게 죄인이라고 하고 자신을 '하나님의 기준'으로 판단하는 것이 부당하다고 생각했다.

"아무도 충족시킬 수 없는 기준을 세워놓고 모든 사람이 죄인이라고 말하는 게 어떻게 공정합니까?"

그는 계속 말했다.

"그건 마치 사정거리 밖에 과녁을 세워두고 총 쏘는 사람에게 과녁을 맞히지 못한다고 비난하는 것이나 마찬가지입니다."

나는 우리가 죄인인 이유를 신학적으로 설명하기 시작했다. 에덴동산의 아담과 하와부터 죄가 어떻게 세상에 들어왔는지 말하려고 했다. 우리가 어떻게 하나님을 거역했는지를 설명하기 위해 내가 사용할 용어들이 그를 감동시킬 거라고 생각했다. 하지만 죄의 전가(轉嫁)나 인류의 죄에 대해 이야기하기도 전에, 그의 아내가 내 말을 가로막더니 자신이 이야기를 좀 해도 되는지 물었다.

그녀는 내 허락을 기다리지 않고 바로 자기 남편에게 이렇게 말했다.

"당신은 술에 취해서 배우자한테 소리를 질러도 괜찮다고 생각해요?

당신의 매출 실적에 대해 거짓말을 해도 괜찮다고 생각해요? 손자한테 그 아이의 경기를 보러 가겠다고 해놓고 안 가도 괜찮다고 생각해요?"

그리고 서너 가지 개인적인 질문을 더 했다. 분명히 남편의 잘못을 비난하는 내용이었다. 이 질문들에 대한 그의 대답은 너무 뻔했다. 그러자 그녀가 이렇게 말했다.

"당신은 하나님의 기준에 맞춰야 하는 것이 부당하다고 말하지만, 당신 자신의 기준에도 미치지 못하잖아요."

나는 그 문제를 그런 식으로 생각해본 적이 없었다. 설교자가 우리를 가리켜 죄인이라고 부를 때 우리는 방어적인 태도를 취할 것이다. 하지만 하나님의 기준은 잊더라도, 우리는 우리 자신의 기준조차 충족시킬 수 없다.

우리는 우리 자신과 다른 사람들에게 우리가 그렇게 나쁘지는 않다고 확신시키기 위해 노력한다. 그러나 사실 우리는 우리가 상상한 것보다 훨씬 더 나쁘다. 그 사실을 밀어낼수록 하나님의 은혜를 경험하는 것도 요원해진다. 현실과 우리 죄의 깊이를 보지 못하면 하나님의 은혜를 놓친다.

내가 그다지 나쁘지 않다고 생각하는 한, 은혜가 매우 좋아 보이지는 않을 것이다. 우리는 흔히 몇 가지 방식으로 우리가 그다지 나쁘지 않다는 결론에 다다른다.

우리는 다른 사람들과 자신을 비교한다

우리가 완벽하다고 주장하는 것은 아니지만, 우리 자신과 남들을 비교하면 우리가 한 일이 대수롭지 않게 느껴진다. 물론 우리 자신을 판단할 때 우리는 흔히 자신에게 좀 더 큰 기회를 준다. 많은 사람들과 비교해보면 우리 죄는 무단횡단이나 어슬렁거리는 죄보다 약간 더 큰 정도에 불과하다.

우리는 다른 사람들과 우리 자신을 비교함으로써 우리의 죄와 은혜의 필요성을 거절한다. 그러나 우리 자신을 남들과 비교하며 그들보다 낫다고 느낄 때 무엇을 하는 것인지 아는가? 바로 죄를 짓고 있는 것이다. 하나님의 관점에서 우리의 교만과 독선이 우리가 비교한 다른 사람의 죄보다 더 추악할 수 있다.

우리는 나쁜 것과 좋은 것을 저울질한다

작년에 전 뉴욕 시장인 마이클 블룸버그(Michael Bloomberg)의 뉴욕 타임즈 인터뷰 기사를 읽었다. 그 당시 블룸버그는 72세였다. 그가 50회 대학 동창회 직전에 한 인터뷰였다. 블룸버그는 자신의 동창들 중에 이미 죽은 사람이 얼마나 많은지 생각하면 정신이 번쩍 든다고 말했다. 그러나 제레미 피터스 기자는 블룸버그가 자신의 사후(死後)에 대해 그렇게 걱정하는 것처럼 보이지 않았다고 말했다. 피터스의 글은 다음과 같았다.

하지만 (블룸버그는) 남은 날이 원하는 만큼 많지 않더라도, 심판의 날 자신을 기다리고 있을 일에 대해 거의 의심치 않는다. 총기 안전, 비만과의 전쟁, 흡연 규제 등 자신의 업적을 나열하면서 그는 활짝 웃으며 이렇게 말했다.
"분명히 말하지만 하나님이 계신다면 제가 천국에 갔을 때 면담을 위해

멈추는 일 없이 곧장 안으로 들어갈 겁니다. 저는 천국에 갈 자격이 있으니까요. 당연한 얘기예요." [1]

그의 관점에서 보면 은혜는 필요하지도 않고 원하지도 않는 것이다. 그는 자신의 선행을 저울 한쪽에 올려놓고 자신에게 어떤 도움도 필요 없으리라는 결론을 내린다.

우리 모두 "나는 그다지 나쁘지 않다"는 결론에 도달할 방법을 찾을 수 있다. 하지만 그렇게 함으로써 하나님의 큰 은혜의 선물을 놓치고 만다. 우리에게 은혜가 필요하다는 것을 인정하게 될 때까지 우리는 은혜 받기에 관심을 갖지 않을 것이다.

우리는 기본적으로 우리 죄를 감추거나 적어도 축소하려고 한다. 하지만 우리 죄를 덮으면 은혜도 덮는 것이다. 죄를 축소하면 용서와 함께 오는 기쁨도 축소하는 것이다. 예수님은 사람들이 죄의 심각성을 축소하고 그들이 그렇게까지 나쁘지 않다는 잘못된 생각으로 자신을 안심시킴으로써 자기 자신에 대해 더 좋은 느낌을 갖도록 하시지 않았다. 예수님은 많이 용서받은 사람이 많이 사랑한다고 말씀하셨다(눅 7:47). 그분은 하나님을 향한 우리의 사랑과 우리가 받은 용서의 정도를 같이 보셨다.

>>> 내가 아는 가장 큰 죄인

어느 날 장 라루(Jean Larroux) 목사님이 트위터(twitter)에 올린 글을 읽었다. 그 글을 읽자마자 나는 마음속으로 항의했다. 아이러니하게도 나의 항의는 그의 말이 사실임을 더욱 입증하는 것에 불과했다.

그가 인용한 글은 이와 같다.

"당신이 아는 가장 큰 죄인이 당신이 아니라면, 당신은 자신을 잘 모르는 것이다."

그 글에 대한 나의 즉각적이고 본능적인 반응은 이러했다.

'그래, 맞아, 난 죄인이야. 사실 나는 큰 죄인이야. 하지만 내가 아는 가장 큰 죄인은 아니야.'

그러나 그 인용문에 대해 생각하면 할수록, 또 나 자신과 나의 동기에 대해 솔직해질수록, 그 말을 부인하기가 더욱더 힘들다.

그 문장은 어딘지 모르게 익숙하게 느껴졌다. 바울이 디모데에게 자신이 죄인 중에 괴수라고 밝힌 익숙한 성경 구절을 다시 읽기 전까지 나는 그것을 콕 집어 말할 수가 없었다.

> 미쁘다 모든 사람이 받을 만한 이 말이여 그리스도 예수께서 죄인을 구원하시려고 세상에 임하셨다 하였도다 죄인 중에 내가 괴수니라
>
> 딤전 1:15

신학교에 다닐 때 이 구절로 리포트를 썼던 기억이 난다. 나는 그 리포트에서 바울이 그리스도인이 되기 전 그의 과거에 초점을 맞추었다. 나는 바울이 그리스도인을 박해했고 교회와 그리스도의 일을 훼방하기 위해 할 수 있는 모든 일을 다 했기 때문에 자신을 죄인 중에 괴수라고 묘사한 거라고 주장했다.

그런데 교수님이 그 리포트를 내게 돌려주셨을 때 맨 위에 점수가 적

혀 있지 않았다. 대신 빨간 펜으로 "다시 쓰세요"라고 적혀 있었다. 나는 뭐가 문제인지 몰랐다. 나는 과제를 완전히 다시 해야 하는 이유를 이해할 수 없어서 수업이 끝난 후 피드백을 좀 받으려고 교수님을 찾아 갔다. 그는 빨간 펜을 꺼내어 디모데전서 1장 15절의 한 단어에 동그라미 표시를 했다.

> 미쁘다 모든 사람이 받을 만한 이 말이여 그리스도 예수께서 죄인을 구원하시려고 세상에 임하셨다 하였도다 죄인 중에 내가 괴수니라(I **am** the worst).

나는 교수님이 좀 더 자세히 설명해주기를 기다렸다. 하지만 그는 이미 다른 학생과 면담 중이었다. 나는 거기 서서 그 단어를 뚫어지게 쳐다보다가 문득 내가 놓친 것이 무엇인지 깨달았다. 동사가 현재형이라는 것이다. 그리고 그것이 모든 것을 바꾸어놓았다. 바울은 "내가 죄인 중에 괴수였다"고 말하지 않았다. 그는 "죄인 중에 내가 괴수니라"라고 말했다.

만일 당신이 나를 거짓말 탐지기에 연결하여 "당신이 가장 나쁜 죄인이라고 생각합니까?"라고 묻는다면 나는 아마 그렇다고 말할 것이다. 나는 악하기 때문에, 최대한 겸손하게 말함으로써 좀 더 영적인 사람으로 보이려고 할 것이기 때문이다.* 판단하지 말라. 당신은 돌아다니며 사람들을 거짓말 탐지기로 조사하는 사람이다. 하지만 거짓말 탐지기가 진실을 드러낼 거라고 확신한다. 솔직히 말해 마음속 깊은 곳에서는, 어쩌면 그리 깊이 들어가지 않더라도, 나는 나 자신을 가장 나쁜 죄인으로 여기지 않는다. 하지만 내가 말할 수 있는 것은, 하나님의 의에 대해 더 많이 배우고 나의 삶과 내 안의 동기들을 더 자세히 살필수록 나 자신이 내가 아는 가장 나쁜 죄인이라는 피할 수 없는 결론에 더 가까이 가게 된다는 사실이다.

>>> 죄라는 질병

로마서 3장 23절은 모든 사람이 죄를 범했다고 말한다. 로마서 6장 23절은 죄의 삯이 사망이라고 말한다. 우리는 자신이 한 일을 축소할 수 있다. 하지만 성경은 우리가 이미 유죄 판결을 받았고 사망 선고를 받았다고 말한다.

나는 이 장을 쓰면서 손님방에 따로 격리되었다. 지난 며칠 동안 아팠고 지금도 쉬면서 회복해야 한다. 내 침대 옆 탁자 위에는 아내가 몇 시간 전에 가져다준 약이 놓여 있다. 하지만 아내는 내가 약을 먹지 않으리라는 것을 알고 있다. 분명히 아픈데도 나는 내가 아프다는 것을 납득하지 못하고 있다. 아내는 내가 건강 상태가 좋지 않을 때 그것을 인정하지 않는 게 문제라고 늘 말하곤 했다. 가능하면 나는 내가 아프다는 것을 수긍하지 않을 것이다. 잠깐, 그녀가 내 상태를 확인하러 오고 있다.

좋아, 난 다 나았어.

방금 일어난 일이다. 그녀가 들어와서 약을 먹으라고 했다. 나는 그녀에게 물었다.

"아프지도 않은데 왜 약을 먹어?"

그녀가 내 이마에 손을 얹으며 말했다.

"약간 따뜻해. 열이 있는 것 같아…"

그래도 나는 내 이마를 만져보고 괜찮다고 말했다. 그녀는 내 체온을 재보겠다고 했다. 나는 그게 정확하지 않을 거라고, 왜냐하면 당신이 방으로 들어오면 내 체온이 몇 도 올라가기 때문이라고 농담을 했다. 그녀는 눈을 흘기며 방을 나가면서 이렇게 말했다.

"좋아요, 당신이 다 나을 때까지 당신한테 키스하지 않을 거라는 사실만 기억해두시길."

나는 약을 먹었다. 나는 내가 아프다는 것을 인정하지 않는다. 내가 아프다면 그것은 내가 어떤 일들을 다르게 해야 한다는 뜻이기 때문이다. 내가 아프다는 것을 인정하면 나는 약을 먹고 침대에 누워 있어야 한다. 그런데 나는 약을 먹고 침대에 가만히 누워 있는 걸 좋아하지 않는다. 그래서 나의 전략은 가능하면 오랫동안 나의 실제 상태를 부인하는 것이다.

하지만 결국 안 아픈 척하는 것이 회복에 아무런 도움이 되지 않는다는 것을 알게 된다. 내 병을 빨리 인정하고 더 빨리 약을 먹고 쉴 때 병에서 회복되기 시작할 것이다. 그리고 빨리 회복될수록 나는 더 빨리 아내와 키스할 수 있다. 오랫동안 나의 병을 인정하지 않고 약 먹기를 거부하면 그만큼 나의 회복도 늦어질 뿐이다.

약 1,600년 전에 어거스틴은 그의 《참회록》(Confession)에서 이렇게 말했다.

"나 자신이 죄인이라고 생각하지 않았기 때문에 나의 죄는 더욱더 구제불능 상태가 되었다."[2]

우리는 불치병 진단을 받을 때까지 치료를 거부할 것이다. 성경은 우리의 병을 진단해준다. 즉 우리는 모두 '죄'라는 병을 앓고 있다. 그것은 온 세계를 감염시킨 바이러스다.

로마서 5장 12절은 그것을 이렇게 설명한다.

그러므로 한 사람으로 말미암아 죄가 세상에 들어오고 죄로 말미암아 사망이 들어왔나니 이와 같이 모든 사람이 죄를 지었으므로 사망이 모든 사람에게 이르렀느니라 롬 5:12

우리는 모두 죄라는 병의 진단을 받았고, 그 상태는 치유가 불가능하다. 즉 죄의 삯은 사망이다. 하지만 그때 바울이 우리에게 '은혜'라는 해결책을 소개해준다.

한 사람의 범죄를 인하여 많은 사람이 죽었은즉 더욱 하나님의 은혜와 또한 한 사람 예수 그리스도의 은혜로 말미암은 선물은 많은 사람에게 넘쳤느니라 또 이 선물은 범죄한 한 사람으로 말미암은 것과 같지 아니하니 심판은 한 사람으로 말미암아 정죄에 이르렀으나 은사는 많은 범죄로 말미암아 의롭다 하심에 이름이니라 한 사람의 범죄로 말미암아 사망이 그 한 사람을 통하여 왕 노릇 하였은즉 더욱 은혜와 의의 선물을 넘치게 받는 자들은 한 분 예수 그리스도를 통하여 생명 안에서 왕 노릇 하리로다 그런즉 한 범죄로 많은 사람이 정죄에 이른 것 같이 한 의로운 행위로 말미암아 많은 사람이 의롭다 하심을 받아 생명에 이르렀느니라

롬 5:15-18

바울은 하나의 등식을 제시한다. 등식의 한쪽에는 당신의 죄가 있고 그 죄는 당신이 상상할 수 있는 것보다 더 나쁘다. 당신은 그것을 축소하고 합리화할 수 있고 또 그것을 묵살하려 한다. 하지만 당신은 불치병에 걸렸다. 등식의 다른 한쪽에는 하나님의 은혜가 있다. 예수님이 십자가에서 죽으셨을 때 그분의 피는 죄에 감염되지 않았다. 또한 우리를 치유하는 해독제가 되어주셨다. 당신의 죄를 한쪽에, 하나님의 은혜를 다른 한쪽에 놓은 후, 바울은 그 등식을 푼다.

더욱 하나님의 은혜가 넘쳤느니라 롬 5:15

당신은 하나님의 은혜로 덮을 수 없을 만큼 끔찍한 일을 저지르지 않았다고 자신 있게 말할 수 있다. 무엇이 됐든 간에, 항상 은혜가 더 크기 때문이다.

>>> 개인적으로 적용하기

교회에서 모든 사람에게 이 등식이 적힌 종이를 한 장씩 나눠주었다.

 < 은혜

그리고 빈칸에 자신의 가장 큰 죄를 적어보라고 했다.

당신도 해보기 바란다. 은혜를 경험하는 유일한 길은 자신에게 은혜가 가장 필요한 곳이 어딘지 밝히는 것이다. 잠시 시간을 내어 아래 등식의 빈칸을 채운 다음, "보다 크다" 또는 "보다 작다"라는 표시에 동그라미를 함으로써 등식을 풀어보라.

 > / < 은혜

로마서 5장에 나오는 하나님의 은혜의 크기에 대한 바울의 설명이 실제로 도움이 된다. 하지만 은혜를 경험하지 않고 은혜를 설명하는 것은 마치 불치병에 걸린 당신에게 의사가 목숨을 구할 수 있는 약을 주는데도 이를 거절하는 것과 같다.

하나님의 은혜가 크다는 것은 "내가 그렇게 나쁘지는 않다"고 자신을 확신시키려고 계속해서 애쓸 필요가 없다는 뜻이다. 사실 나는 인정하고 싶지 않을 만큼 나쁜 사람이다. 하지만 하나님의 은혜는 내가 상상했던 것보다 더 크다.

나의 죄악
수치 후회 상처
원망 보복 분노

02

나의 큰 수치보다
더 큰 자비의 은혜

>>>

2009년에 나는 페이스북에서 40대 초반의 웨즈(Wes)라는 남성에게서 메시지를 받았다.

당신이 좋은 '페이스북 스토리'를 가지고 있는지 모르겠지만 이 글을 읽고 나면 그런 스토리를 갖게 될 거라고 생각합니다. 정확히 왜 그런지는 모르겠지만, 하나님께서 당신에게 이 이야기를 하라고 강권하시는 것을 느꼈습니다. 두서없는 글이라도 참고 읽어주기 바랍니다.

저는 처음부터 제가 입양아라는 것을 알고 지냈습니다. 저는 그리스도인 가정에서 자랐고, 제 부모님은 아주 멋진 분들이셨습니다. 저는 지금 결혼해서 행복하게 살고 있고 제 아이들을 진심으로 사랑합니다.

몇 년 전까지만 해도 저는 친부모를 찾고 싶은 마음이 조금도 없었습니다. 그러다가 한 기독교 수양회에서 나이 많은 강사 한 분이 옛날에 자기가 여자 친구를 임신시켜서 몰래 그 아이를 입양 보냈다는 이야기를 했습니다. 그는 그 일로 죄책감을 안고 살았고 결국 하나님을 원망하는 마음을 품게 되었다고 했습니다. 그런데 어느 날 그의 딸에게 연락이 왔다고 합니다. 그녀는 그를 용서했으며 하나님도 그를 용서하셨다고 말했답니다. 그것이 이 남자의 삶을 변화시켰고, 그는 자신이 발견한 자유와 치유에 대해 이야기했습니다.

그 이야기를 듣고 저의 상황을 생각해보았습니다. 제가 잘 지내고 있다는 걸 친부모님이 알면 그분들에게 도움이 될지 궁금했습니다. 저는 친아버지의 성함을 알아내서 그에게 연락을 했습니다. 한 사람이 그토록 어려운 결정을 내린 후에는 죄책감과 고통이 따를 수 있다는 저의 생각이 옳았다는 것을 분명히 알게 되었습니다. 그는 아무에게도 저의 출생에 대해 이야기한 적이 없었습니다.

저는 그의 삶을 방해하거나 그의 상황을 복잡하게 만들지 않는 것이 가장 좋다고 생각했습니다.

그런데 그때 어떤 일이 일어났습니다. 어느 날 밤 아내와 함께 침대에 누워 있었는데 TV에 당신의 프로그램이 나오고 있었습니다. 저는 이미 반쯤 잠이 들어 있었지만, 아내는 그 프로를 보고 있었죠. 그런데 갑자기 아내가 소리를 지르는 바람에 깜짝 놀라 깼습니다.

"오, 세상에! 당신 사촌이에요!"

그녀는 당신에 대해 말하고 있었습니다. 그녀는 제 혈육에 대해 저보다 더 많이 알고 있었습니다. 왜냐하면 모든 조사를 다 했거든요. 저는 그녀의 말을 믿지 않았지만, 구글(Google) 검색을 해보고 그 말이 옳다는 걸 알았습니다.

당신이 너무 큰 충격을 받지 않았으면 합니다만 당신의 삼촌, 데이비드 아이들먼이 저의 친아버지입니다. 제가 가장 먼저 당신에게 연락하기로 한 이유는 당신이 목사인 만큼 어려운 상황에 대해 상담한 경험이 많을 거라 생각했기 때문입니다.

또한 저에게 여동생이 있다고 알고 있습니다. 그녀가 저에 대해 아는지는 모르겠습니다. 저는 가족 사이에 문제를 일으키거나 어려운 상황을 만들고 싶지 않습니다. 하지만 이미 말한 것처럼, 하나님께서 당신에게 연락하도록 강권하셨습니다.

이 메시지를 읽는 순간, 나는 많은 것들을 이해하게 되었다. 나는 어릴 때부터 데이브 삼촌과 매우 가깝게 지냈다. 그는 내게 수상스키를 가르쳐주었고 중학교 때는 가라테를 가르쳐주기도 했다. 그러나 자라가면서 나는 삼촌이 어딜 가나 무거운 짐을 지고 다닌다는 것을 알 수 있었다. 그런 비밀을 그렇게 오래 숨기고 있었으니 몹시 지쳤을 것이다. 그의 눈은 종종 피곤해 보였고, 항상 직장에서 긴 하루를 보내고 온 것처럼 지쳐 보였다.

나의 삼촌 데이브는 여자 친구가 임신했을 때 은혜를 잃어버렸다. 그는 은혜를 놓치지 말았어야 했다. 그는 교회 안에서 자랐고 여자 친구의 아버지는 목사였다. 그는 은혜를 놓치지 말았어야 했지만, 어떤 이유에서인지 은혜가 전달되지 않았다. 수십 년 동안 남모르는 죄책감과 수치심을 안고 사는 것은 너무 힘든 일이었다.

데이브 삼촌의 아들에 관한 비밀이 알려지자 그에게 감당하기 어려운 일들이 밀려왔다. 수십 년 동안 그는 무거운 짐과 사람들이 알게 되는 것에 대한 두려움을 안고 살아왔다. 그의 형인 우리 아버지는 뭐라고 말할까? 그의 부모님인 우리 할머니, 할아버지는 어떤 반응을 보일까? 모르는 손주가 있다는 소식에 속았다고 느낄까? 또 삼촌의 딸인 나의 사촌은 어떨까? 외동딸로 자라면서 그녀는 항상 오빠가 있었으면 좋겠다고 말했지만, 삼촌은 그녀에게 말하지 않았다. 아무에게도 말하지 않았다.

또한 웨즈는 어떨까? 삼촌은 아들인 그가 화가 났을 거라고 생각했을 것이다. 평생 버림받고 거절당했다고 느끼며 살아왔을지도 모른다. 하지만 이제는 아무것도 감출 수가 없다.

때로는 우리가 죄를 부인하기 때문에, 때로는 교만이 우리 눈을 가려서 우리의 죄가 감춰져 있기도 한다. 그러나 우리가 죄를 비밀로 하려고 하는 이유는 단지 우리가 한 짓을 감당할 수 없기 때문이다. 우리는 자신이 범한 실수나 죄에 대해 생각하지 않으려고 안간힘을 쓴다. 그리고 하나님을 가까이하지 않으려고 한다. 우리가 우리 자신을 용서할 수 없는데 어떻게 그분이 우리를 용서할 수 있겠는가?

아담과 하와가 죄를 짓기 전에, 성경은 그들이 벌거벗었으나 부끄러워하지 않았다고 말한다. 하지만 죄가 등장한 순간, 그들은 부끄러워하며 하나님을 피해 숨으려고 안간힘을 썼다.

때로는 우리의 은밀한 죄가 드러나고 더 이상 그것을 감출 수 없을 때 우리는 숨으려고 한다. 가능하면 아는 사람들을 피하려고 애를 쓴다. 수치심은 우리를 계속 따라다니면서 무자비하게 속삭인다.

"너는 용서받을 가치가 없어. 넌 두 번째 기회를 얻을 자격이 없다고."

하지만 여기에 은혜의 놀라운 특징이 있다. 즉 은혜는 당신을 쫓아다닌다. 당신은 도망쳐서 숨을 수 있다. 하지만 은혜는 끈질기다. 은혜는 당신을 끝까지 따라올 것이다. 지금 어떤 이들에게 바로 그런 일이 일어나고 있다. 그런데 당신은 그것을 알지 못한다. 말씀을 읽을수록 은혜는 점점 더 강력해진다.

목사인 나는 '은혜'가 마침내 어떤 사람의 문제를 따라잡는 그 순간을 목격하기 좋아한다. 나는 그런 순간을 '아름다운 충돌'이라고 말한다. 그 두 단어는 서로 어울리지 않는다. '충돌'이라고 하면 "부서진, 깨진, 망가진" 같은 단어들이 떠오른다. 이 단어들은 일반적으로 "아름답다"는 말과는 어울리지 않는다. 그러나 복음에는 이런 아름다운 충돌들이 가득하다. 부서지고 깨지고 망가진 삶이 예수님과 충돌한다. 그것은 아름다운 일이다.

>>> 은혜와 충돌하는 과정

요한복음 4장은 아름다운 충돌이 일어날 교차로다. 예수님은 다른 도시로 가고 계셨다.

> 유대를 떠나사 다시 갈릴리로 가실새 사마리아를 통과하여야 하겠는지
> 라 요 4:3,4

요한복음 4장에서 요한은 "사마리아를 통과하여야 하겠는지라"라고 말한다. 그런데 그 말은 좀 이상하게 들린다. 그 당시 유대인들은 어떻게든 사마리아를 지나가지 않으려고 애를 썼다. 보통은 돌아가거나 사마리아인들을 피해 가곤 했다. 유대인들과 사마리아인들 사이에는 편견과 증오가 있었다. 그들은 서로 상관하지 않으려고 노력했다. 1세기 유대인이 이 글을 읽었다면, 요한도 다른 선택의 여지가 없었기

때문에 예수님이 사마리아를 통과하셔야 했다고 주장하는 것으로 여겨졌을 것이다. 길이 막혔거나 사마리아를 돌아가려는 사람들이 너무 많아 길이 혼잡해서 할 수 없이 그곳을 통과하셔야만 했다고 생각했을 것이다.

만약 당신이 어느 기혼 남성에게 "어젯밤 데이트할 때 뭘 했어요?"라고 묻는다고 상상해보자. 그가 단순히 "양키 캔들(미국의 향초 전문 브랜드)에 가서 향초 냄새를 맡았어요"라고 말할까? 그것은 누구에게나 어색하게 들릴 것이다. 솔직히 말해서 이렇게 말할 가능성이 더 높다.

"저는 양키 캔들에 가서 다양한 향초의 향을 맡아야만 했어요."

'가야만 했다'는 표현이 중요하다. 그것은 자신의 의지와 상관없이 가고 있었다는 것을 분명히 말하는 것이다. 그는 선택의 여지없이 그 일을 해야만 했다. 그 시대 유대인 독자에게도 이 말이 그렇게 들렸을 것이다.

하지만 우리가 이 이야기를 읽기에는 예수님이 억지로 사마리아로 가시지 않았다는 것이 분명해 보인다. 오히려 예수님은 일부러 사마리아로 가려고 노력하신 것 같다. "통과하여야 하겠다"라는 말은 그가 지켜야 할 약속이 있었다는 의미에 더 가까워 보인다. 마치 세상이 창조되기도 전에 이미 정해진 특정 시간, 특정 사람을 만나기 위해 특정한 장소에 있어야 한다는 것을 아신 것처럼 말이다. 곧 아름다운 충돌이 일어날 것이며 하나님은 그것을 자신의 달력에 표시해두신 것이다. 은혜는 이 여인을 따라갔고 그 도시의 우물가에서 그녀를 붙잡았다.

예수님은 사마리아로 가서야만 했다. 그는 볕이 뜨거운 정오 즈음에 도착하신다. 제자들이 마을로 들어가 먹을 것을 구해오는 동안 그는 우물로 가서 쉬려고 앉으신다. 누군가를 만나기에 흔치 않은 시간과 장소이다. 사람들은 보통 이른 아침이나 저녁 늦게 우물에 오지, 강렬한 태양이 내리쬐는 정오에는 오지 않는다.

하지만 그때 예수님은 기다리고 있던 사람을 만난다. 한 여자가 물을 길으러 우물에 온다. 보통 그 시간은 그런 일을 할 시간도 아니거니와 혼자서 물을 길으러 오는 것도 흔치 않은 일이었다. 그 당시 여자들은 우물에 갈 때도 여럿이 같이 갔다. 오늘날 여자들이 화장실에 혼자 가는 것이 드문 일과 마찬가지다.

우리는 곧 이 여자의 순탄치 못한 과거와 나쁜 평판에 대해 알게 된다. 그녀가 혼자 우물에 온 것이 그녀가 사람들을 피했기 때문인지 아니면 사람들이 그녀를 피했기 때문인지는 모르겠다. 아마 서로 피했을지도 모른다. 그녀는 자신을 판단하는 시선과 뒤에서 수군거리는 소리에 진저리가 났을 것이다. 그래서 수치심과 거절감을 안고 혼자 왔을 것이다.

그녀가 오자 예수님은 그녀에게 물을 달라고 하신다. 그녀는 어떻게 해야 할지 몰랐다. 유대인인 그가 사마리아 여인인 그녀에게 말을 걸자 그녀는 어리둥절해서 그에게 묻는다.

당신은 유대인으로서 어찌하여 사마리아 여자인 나에게 물을 달라 하나이까… 예수께서 대답하여 이르시되 네가 만일 하나님의 선물과 또 네게 물 좀 달라 하는 이가 누구인 줄 알았더라면 네가 그에게 구하였을 것이요 그가 생수를 네게 주었으리라 요 4:9,10

그녀는 정말 혼란에 빠졌다. 그녀는 육체적인 갈증을 해소해줄 물만 생각했기 때문에, 예수님이 물을 길을 그릇도 갖고 있지 않다는 것을 지적한다.

그러자 예수님은 그가 생명수이시며 그녀가 이 물을 마시면 다시는 목마르지 않을 거라고 설명해주신다. 그녀는 여전히 그 비유를 깊이 생각하지 않는다. 그녀는 그분이 이해가 되지 않는다. 그래서 예수님은 좀 더 직접적으로 말씀해주시기로 한다.

이르시되 가서 네 남편을 불러 오라 여자가 대답하여 이르되 나는 남편이 없나이다 예수께서 이르시되 네가 남편이 없다 하는 말이 옳도다 너에게 남편 다섯이 있었고 지금 있는 자도 네 남편이 아니니 네 말이 참되도다

요 4:16-18

음, 불편한 사실이다. 이 시점에서 그녀는 다시 비유로 이야기하고 싶었을지도 모르겠다. 예수님은 진실 앞에서 물러나지 않으시고 그녀가 한 일, 그녀의 삶이 엉망이 된 것을 사실대로 묘사하신다. 계속해서 물을 긷는 관계의 우물도 그녀의 갈증을 해소해주지 않으며, 모든 것을 알고 계신 예수님도 점잖게 괜찮은 척 행동하지 않으실 것이다. 그녀가 예수님의 은혜를 받으려면 자신의 죄를 더 이상 감추지 말아야 한다.

이것은 어려운 일이다. 우리는 다른 길을 찾고 싶어 한다. 하지만 진실은 여기에 있다. 즉 우리는 하나님의 은혜와 충돌하기 전에 먼저 자기 죄의 진실과 충돌해야 한다. 예수님께서 당신과 나에게 어떤 어려운 사실을 말씀하실지 궁금하다. 어쩌면 이렇게 말씀하실 것이다.

- 너의 급한 성미가 주변 사람들을 안절부절못하게 하고 가족 안에서도 너를 향한 원망이 점점 더 커져간다.
- 너의 음주 문제는 통제 불능 상태다. 너뿐만 아니라 더 많은 사람들에게 영향을 끼치고 있다.
- 너의 음란물 문제가 결혼생활 가운데 친밀해질 기회를 빼앗고 있다.
- 너의 바람기가 네 가족을 파멸로 이끌고 있다.
- 너는 너를 내게서 멀어지게 만드는 여자에게 마음을 주고 있다.
- 너는 나와의 관계보다 동거중인 남자친구를 선택하고 있다.
- 너는 너 자신에 대해 더 좋은 느낌을 갖기 위해 점점 더 많은 빚을 지고 있다. 그러나 그 우물에서 길은 물은 너를 만족시켜주지 못할 것이다.
- 너의 독선적이고 율법주의적인 마음은 너와 함께 일하는 사람들이 나를 멀리하게 하고 있다.
- 너의 판단하는 태도와 냉혹한 말투가 손주들과 너를 멀어지게 만들고 있다.

예수님은 어려운 진실들을 말씀하신다. 그것은 우리가 어떻게든 피하려고 하는 은혜와 충돌하는 부분이다. 또한 누구라도 그렇듯이, 우물가의 여인은 자신의 죄와 수치심에 대해 이야기하지 않으려고 한다.

여자가 이르되 주여 내가 보니 선지자로소이다 우리 조상들은 이 산에서 예배하였는데 당신들의 말은 예배할 곳이 예루살렘에 있다 하더이다

요 4:19,20

우리 이야기에 잠시 정지 버튼을 누르고, 예수님에 대한 이 여자의 잘못된 추정에 대해 이야기해보자. 이런 추정들이 삶 속에서 그분의 은혜를 잃어버리게 만들 수 있다.

 # 예수님은 나와 아무 관계도 맺지 않기 원하신다?

예수님이 자신에게 아무 관심도 없다고 추정한다면, 당신도 예수님께 관심이 별로 없을 가능성이 크다. 당신이 은혜를 원치 않는 것은 아니다. 은혜를 원치 않을 사람이 누가 있는가? 단지 은혜가 당신을 원하지 않는다고 확신하는 것이다.

거절감은 우리가 경험하는 최악의 감정 중 하나일 수 있다. 어떤 사람이 일찍, 그리고 자주 거절을 경험한다면, 그는 사람들이 가까이 오지 못하도록 담을 쌓는 법부터 빨리 배우게 된다. 이 여자와 남편들의 역사를 볼 때, 그녀도 아마 쉽게 상처받지 않기 위해 주의했을 것이다. 누군가가 당신에게 상처를 주지 않는다면, 당신은 거절의 위험을 감수하지 않아도 되는 것이다.

하지만 예수님은 이 여자를 만나기 위해 노력하셨다. 은혜는 이 여자를 따라왔다. 바로 그것이 은혜가 하는 일이기 때문이다.

하루는 교회의 토요일 밤 예배에서 말씀을 전한 후 강단에서 내려왔다. 그때 한 남자가 다가와 말을 걸었다. 나는 그가 예배 중에 눈물을 흘렸고 아직도 약간 감정이 북받쳐 있는 상태라는 것을 알 수 있었다. 그는 내게 자신의 이름을 말했고, 나는 그를 위해 어떻게 기도해줄지 물었다.

그는 울부짖는 소리로 대답했다.

"제 아내가 저를 떠났어요. 다 제 잘못이에요. 제가 정말 어리석은 일들을 저질렀거든요. 저는 그녀를 제대로 대해주지 않았어요. 그녀는 저에게 말을 하려고 했지만 제가 듣지 않았거든요. 하나님께서 저를 용서해주시고 제 아내 또한 저를 용서하도록 기도해주시겠어요? 저는 변할 준비가 되어 있어요. 하지만 제가 이렇게 상황을 엉망으로 만들었는데도 하나님이 이런 저를 원하실지 모르겠어요."

그는 하나님의 은혜보다 자신의 실수가 더 크며, 예수님은 이런 자신과 어떤 관계도 맺기를 원치 않으실 거라고 추정하고 있었다. 나는 그를 위해 하나님께서 그의 결혼생활에 개입해주셔서 그와 그의 아내가 다시 하나 되게 해주시도록 기도했다. 하나님께 그와 그의 결혼생활을 위해 싸워달라고 간구했다. 무엇보다도 그와 예수님의 관계를 위해 기도했다. 그가 교회에 온 것이 결코 우연이 아니며 하나님은 그를 거절하지 않으시고 그를 도와줄 준비가 되어 있으시다는 것을 그가 알게 해달라고 기도했다.

기도를 마친 후에 나는 그가 이 교회에 다니는지 물었다. 그는 어릴 때 이후로 교회에 다닌 적이 없다고 설명을, 아니 고백을 했다. 나는 "오, 그럼 아내분이 이 교회에 다니시나요?"라고 물었다.

그는 대답했다.

"아내도 교회에 다니지 않아요."

그럼 어떻게 여기에 오게 된 거냐고 묻자 그는 이렇게 말했다.

"모르겠어요. 그냥 차를 타고 지나가다가 왠지 가야 할 것 같았어요."

나는 그의 말이 무슨 뜻인지 이해했다고 생각한다. 나는 그에게 복음을 제시해주고 그와 함께 기도해줄 사람을 연결해줄 수 있는 몇 가지 개인 정보를 알아냈다.

다음날 주일 아침, 나는 말씀을 마치고 강단에서 내려왔다. 예배가 거의 끝나가고 있었다. 두 여자가 내게 다가와 말을 걸었다. 알고 보니 그들은 자매였다. 한 명이 다른 한 명을 위로하는 것으로 보아 힘든 일을 겪고 있는 것이 틀림없었다.

내가 그녀의 이름을 묻거나 나를 찾아온 이유를 물을 틈도 없이, 그녀가 먼저 설명했다.

"저는 오랫동안 교회에 다니지 않았어요. 제가 여기에 와도 되는지 모르겠지만, 괜찮길 바라요. 어젯밤에 너무 속상했는데, 제 동생이 오늘 아침에 여기 꼭 와야 한다고 했어요."

그녀는 내게 자신의 남편을 위해 기도해달라고 했다. 그들은 얼마 전에 헤어졌다고 했다. 그녀는 그가 더 이상 자신에게 관심이 없다고 생각했고, 하나님이 남편의 마음을 부드럽게 해주시도록 기도해줄 수 있는지 물었다.

이때 나는 심장이 쿵쿵 뛰었다. 나는 그녀에게 말했다.

"당신의 이름도 물을 틈이 없었네요. 이름을 말씀해주시겠어요?"

하나님이 당신에게 윙크하시는 것 같은 기분을 느낀 적이 있는가? 나는 흥분한 나머지 바로 전날 밤 그녀의 남편이 눈물을 흘리며 찾아왔다고 말해주었다. 그가 잘못을 뉘우쳤고 하나님께 도움을 구했다고 말해주었지만 그녀가 믿기 힘들어한다는 것을 알 수 있었다.

그것은 정말 아름다운 충돌이었다. 은혜는 도처에 날아다니고 있었다.

두 사람 다 하나님이 그들을 포기하셨고 너무 늦었다고 생각하고 있었다. 그들의 결혼생활은 이미 너무 많이 망가져버렸고, 하나님은 거기에 관여하지 않으실 거라고 생각했다. 하지만 하나님은 그들이 있는 자리에서 그들을 만나주실 준비가 되어 있으시다는 것을 명백히 보여주셨다.

예수님은 나보다 종교에 더 관심이 있으시다?

우물가의 여인이 대화 중에 무엇을 하는지 눈치 챘는가? 그녀는 종교에 대해 이야기함으로써 예수님의 관심을 다른 데로 돌리려고 한다. 끝도 없이 토론할 수 있는 종교적 논쟁에 그를 끌어들임으로써 이 충돌을 피하려 하는 것이다. 종종 은혜가 잊히는 이유도 교회가 종교적 논쟁이나 해석의 차이에 사로잡혀 있기 때문이다.

우리가 종교적 혹은 유사종교적인 논쟁에 얼마나 쉽게 마음이 흐트러지는지 알면 정말 깜짝 놀랄 것이다. 특히 누가 자신을 살피는 것이 약간 불편해질 때 이렇게 되기 쉬운 것 같다.

우물가의 여인처럼 우리는 예수님이 좀 더 개인적으로 다가오기 시작하실 때 종교적으로 변하는 경향이 있다. 나는 설교자로서 이런 일을 매우 자주 겪는다. 그것에 대해 약간의 이론을 세워보기도 했다. 사람들이 신학적인 해석이나 견해에 집착할수록 그들 삶의 일부 영역에서 예수님이 더 이상 개인적으로 다가오시지 않도록 막고 있을 가능성이 더 크다. * 당신이 이 이론을 좋아하지 않을수록 그 이론을 더 강화하는 것이다. 그냥 그렇다는 것이다.

나는 이것 때문에 정신이 산만해질 때가 많았다. 어떤 사람은 내게 이메일을 보내서 자기가 생각하기에 내가 빠뜨린 해석상의 세부 사항을 지적하곤 했다. 그러면 나는 다시 이메일을 보내 나의 해석을 방어했다. 그렇게 서로 왔다갔다 했다. 그런데 요즘에는 이런 일이 많지 않다. 절대 하지 않는다는 말은 아니다. 당신이 시험해보고 싶다면 얼마든지 환영이다. 그러나 나는 이제 거의 넘어가지 않는다. 어떤 사람이 특히 종교에 관해 이야기하기로 마음먹는다는 것은 예수님이 지나치게 개인적으로 다가오시는 것을 필사적으로 막으려 하기 때문이라는 것을 알게 되었기 때문이다.

사마리아 여인은 예수님이 자신보다 종교에 더 관심이 있으실 거라는 잘못된 추정을 한다. 그래서 예수님을 종교적인 논쟁에 끌어들이려 한다. *스포일러 주의 : 하나님의 아들을 신학적 논쟁에 끌어들이는 것은 효과적인 전략이 아니다.

예수님은 진짜라고 믿기에는 너무 좋은 제안을 하신다?

여인은 영원히 목마르지 않게 해줄 물이 있다는 것을 믿지 않는다. 다시 한번 그녀의 개인사를 생각해보라. 그녀는 자신에게 온갖 약속을 했던 많은 남자들을 겪어보았기에, 매우 회의적이고 냉소적이다. 지킬 수 없는 많은 약속을 하는 남자를 신뢰하지 않는다.

그녀는 예수님과 또 그분이 제안하신 선물에 대해 여러 가지 잘못된 추정을 한다. 그런 추정들이 그녀를 예수님께 더 가까이 가지 못하게 막는다. 그 추정은 그녀를 은혜에서 분리시키는 역할을 한다. 그들의 대화가 계속되자 그녀는 그만 이 대화를 끝내고 싶어 한다. 그래서 서

둘러 마무리를 지으려 한다.

> 여자가 이르되 메시아 곧 그리스도라 하는 이가 오실 줄을 내가 아노니 그가 오시면 모든 것을 우리에게 알려 주시리이다 요 4:25

이 아이러니한 상황을 놓치지 말라. 그녀는 예수님께 이렇게 말한다.
"예수님이 오시면 모든 것을 명백히 알려주실 거예요."
모르기는 몰라도 예수님이 그녀에게 이 말씀을 하실 때 살짝 미소를 지으셨을 것 같다.

> 네게 말하는 내가 그라 요 4:26

예수님이 자발적으로 숨김없이 누군가에게 자신이 메시아, 하나님의 아들이라고 말씀하신 것은 이때가 유일했다. 다섯 번 결혼했고 지금은 다른 남자와 살고 있는 평판 나쁜 사마리아 여자에게 그렇게 말씀하신 것이다. 이것이 정말 큰 은혜가 아닌가?

>>> 은혜의 추격
삶의 진실을 직시하기 어려울 때, 너무 많은 일들이 엉망이 되어 어디서부터 손을 대야 할지 모를 때, 자신을 용서할 수 없을 때, 죄책감과 수치심이 계속 자신을 따라다닐 때, 그럴 때는 은혜가 나를 위한 것이라고 상상하기 어렵다. 진심으로 이해한다.

어떤 이들은 죄가 발각되고 비밀이 드러나는 일을 최악이라고 생각한다. 누군가가 오래 전 자신의 잘못을 끄집어낼까 봐 두려워한다. 그러나 아무도 알지 못하기를 원하지만 하나님은 이미 알고 계신다. 그래서 우리가 하나님을 피하려고 안간힘을 쓰는 것이다. 우리는 모든 일이 다 탄로가 나서 진실을 맞닥뜨릴 수밖에 없는 상황을 최악이라고 생각한다.

하지만 그것은 최악이 아니다. 최악의 일은 아무도 진실을 모르는 채 계속 살아가는 것이다. 아무도 진실을 밝혀내지 못해서 어딜 가든 무거운 죄책감과 수치심의 짐을 지고 다니는 것이다. 우리에게 일어날 수 있는 최악의 일은 하나님을 피해 달아나려고 애쓰며 평생을 보내는 것이다. 사실 하나님은 우리 스스로 가질 수 없는 것을 주시기 위해 우리를 추적하신다. 그러나 우리는 마치 하나님이 빚을 받으려고 쫓아오시는 것처럼 생각한다.

> >> 아버지와 아들

데이브 삼촌과 그의 아들 웨즈는 이따금씩 대화를 나누기 시작했다. 그리고 몇 달 후, 그들은 서로 만나게 되었다. 삼촌은 미주리 주에 살고 있었고 웨즈는 버지니아 주에 살고 있었다. 그래서 그들은 켄터키의 우리 집에서 만나기로 했다. 그 일을 계기로 우리는 작은 가족 모임을 갖기로 했다. 그래서 할아버지와 할머니, 다른 친척들도 웨즈와의 만남을 기대하게 되었다.

나는 집 앞 길가에 서서, 웨즈가 아름다운 그의 가족과 함께 들어오자 긴장한 삼촌이 그들의 미니밴으로 다가가는 모습을 지켜보던 그 순간을 결코 잊지 못할 것이다. 웨즈가 차에서 내렸고, 우리는 아버지와 아들이 처음으로 끌어안는 모습을 보며 눈물을 훔쳤다. 거리가 있어서 그들이 어떤 말을 주고받았는지는 듣지 못했다. 웨즈는 삼촌에게 선물을 주었다. 누군가가 내게 그 선물이 시계라고 말해주었다. 삼촌은 그 선물에 감동했다. 나는 그것이 그에게 어떤 큰 의미가 있는지 이해하지 못했다. 내 말을 오해하지 말라. 시계는 정말 정성어린 선물 같았다. 다만 그것이 왜 그런 감정적 반응을 일으켰는지 이해하지 못했을 뿐이다.

그날 늦게 아버지가 그 시계를 가져와 내게 보여주었다. 정말 좋은 시계였지만 나는 여전히 갸우뚱했다. 그러자 아버지가 내게 시계 뒷면을 보라고 하셨다. 거기에 두 단어가 새겨져 있었다. 모든 것을 바꿀 만한 힘을 가진 단어였다.

순전한 은혜(Pure Grace)

> > > 순전한 은혜

은혜의 효과는 곧 삼촌을 변화시키기 시작했다. 그의 무거운 수치심과 죄책감이 순식간에 사라져버렸고 그의 굳은 마음이 부드러워졌다. 이후로 우리가 대화를 나눌 때 그는 사랑한다는 말로 대화를 마쳤다. 전에는 한 번도 내게 그런 말을 한 적이 없었다. 그는 교회에서 더 적극적으로 활동했고, 목사님과 좋은 친구가 되었다.

무엇보다 내게 가장 놀라운 일은, 내가 이 이야기를 공개적으로 하게 되었다는 것이다.

나는 삼촌이 그의 이야기를 다른 사람들에게 하는 것을 편하게 받아들이지 않을 거라고 생각했다. 어쨌든 그가 오랫동안 비밀로 하려고 애써 왔으니, 그의 이야기가 세상에 알려지기를 원하지 않으리라 확신했다. 그러나 내가 틀렸다. 그것은 정확히 그가 원한 일이었다. 내가 이메일을 보내 삼촌의 이야기를 나눠도 되는지 묻자 그는 이렇게 대답했다.

"편하게 이야기하렴. 하나님의 사랑과 자비와 놀라운 은혜를, 그것이 필요한 모든 사람에게 보여줄 수 있도록."

삼촌의 답장을 읽고 나자 우물가 여인의 마음속에 어떤 변화가 일어났는지 알 수 있었다.

그녀는 예수님을 만나기 전에는 아무도 자신을 보지 않기를 원했다. 아무도 그녀를 모르기 원했고, 만일 안다 해도 그들이 아는 것을 그녀가 알고 싶어 하지 않았다. 그녀는 자신이 한 일, 자신의 모습 때문에 자신을 용서할 수 없었다. 하지만 그녀의 삶은 은혜와 충돌했다. 그러자 갑자기 모든 것이 다르게 보였다.

여자가 물동이를 버려 두고 동네로 들어가서 사람들에게 이르되 내가 행한 모든 일을 내게 말한 사람을 와서 보라 이는 그리스도가 아니냐 하니 그들이 동네에서 나와 예수께로 오더라 요 4:28-30

하나님의 은혜와 자비가 우리의 수치심, 죄책감과 충돌할 때 어수선하기는 하지만 아름다운 상황이 펼쳐진다. 예수님은 우리가 한 모든 일을 아시지만, 그분의 은혜가 더 크다는 것을 확실히 알려주기 원하신다.

나의 죄악
수치 후회 상처
원망 보복 분노

03

나의 큰 후회보다
더 큰 구속의 은혜

>>>

목요일 밤, 나는 아내와 함께 침대에 누워 있었다. 그녀는 잠이 들었지만 나는 깨어 있었다. 천장을 바라보며 주말 설교에 대해 생각하고 있었다. 메시지의 초점은 후회를 다루는 법에 관한 것이었다. 후회에 사로잡히면 사기가 떨어지는 것은 물론 의욕까지 마비될 수 있다. 우리가 이미 일어난 일, 돌이킬 수 없는 일에 집착하기 때문에 더 이상 앞으로 나가지 못하기도 한다. 후회는 특정 순간, 어떤 일을 하거나 하지 않은 그 시간과 장소에 집착하게 만들고, 그 결과를 안고 살아가게 한다.

가만히 누워서 설교에 대해 생각하고 기도하는데, 갑자기 욕실에서 쾅 하는 소리가 들렸다. 나는 급히 욕실로 달려갔다. 벽장문에 걸려 있던 전신거울이 떨어져서 바닥에 산산조각 나 있었다. 그때 거기서 내가 깊이 후회하는 나의 과거 행적이 드러났다. 벽장문에 난 구멍이 드러난 것이다.

어떻게 해서 벽장문에 구멍이 생겼을까? 다들 짐작할 수 있으리라 생각하지만, 그래도 누군가 내게 그렇게 묻는 것이 두려웠다. 나는 아내와 말다툼을 했다. 솔직히 무엇 때문에 다퉜는지도 기억나지 않는다.* 아마 그녀도 그럴 것이다. 하지만 나는 그것을 다시 언급하고 싶지 않다. 다만 나는 너무 화가 나서 이성을 잃고 벽장문에 구멍을 내고 말았다.

나는 정말 이 이야기를 하고 싶지 않다. 순식간에 일어난 일이지만 어쨌든 실제로 일어난 일이었다. 그 일이 일어나지 않았으면 좋았을 것이다. 그 순간으로 다시 돌아갈 수 있다면 인내심 많고 온유한 남편이 되고 싶다. 겸손함과 자제력을 발휘했더라면 좋았을 것을. 하지만 나는 그러지 못했다.

그 일이 있고 나서 나는 아내가 그 일을 잊어주기를 바랐고, 아이들이 그 사실을 알아채지 못했으면 했다. 내 설교를 듣거나 내 책을 읽는 사람들이 내가 한 일을 알면 나를 어떻게 생각할지 두려웠다. 그래서 내가 '나의 후회'를 처리한 방법은 내가 한 짓을 덮어버리고 그만 기분을 풀어버리는 것이었다. 나는 가게에 가서 긴 거울을 사다가 그 문에 걸어두고 아무 일도 없었던 것처럼 지냈다.

그런데 그 거울이 왜 문에서 떨어져 산산조각이 났는지 모르겠다. 1년 넘게 멀쩡하게 잘 걸려 있던 거울이었다. 거울을 고정시킨 접착제가 강력하지 않아 떨어진 거라고 생각했다. 그럴 가능성도 있지만, 어쩌면 내 설교가 사람들에게 도전을 주어 그들이 후회를 잘 처리하게 해달라는 나의 기도를 하나님께서 들으시고 거울을 떨어뜨려서, 나에게도 어두움 속에서 하나님의 은혜로운 치유의 빛 가운데로 가져올 후회가 있다는 것을 상기시켜주신 것 같았다.

나는 벽장문에 난 구멍과 바닥에 깨진 거울을 쳐다보았다. 나는 내가 인내심 많고, 온유하고, 자신을 대단하게 여기지 않는 겸손한 사람이라고 생각하고 싶다. 그것이 내가 보는 나 자신의 모습이며, 다른 사람들, 특히 내 아내가 나에 대해 가져주기 바라는 이미지다.

　나는 몸을 숙여 깨진 거울 조각들을 줍기 시작했다. 그 조각들에 비친 내 모습을 보지 않을 수 없었다. 다시 돌아가 다르게 행동할 수 있으면 좋겠지만, 나는 화를 참지 못하고 벽장문을 주먹으로 친 남편으로 영원히 남을 것이다.

　거울이 깨지는 소리에 아내도 잠이 깼다. 그녀는 내가 무릎을 꿇은 채 유리조각을 줍고 있는 것을 보았다. 평소에 잘 울지 않던 내가 그날은 울었다. 그녀는 내가 깨진 거울에 애착을 느껴서 우는 것이 아니라는 걸 알았다. 내가 그녀에게 미안하다고 말한 적이 있는지 잘 모르겠다. 하지만 나는 회개할 준비가 되어 있었다. 눈물을 흘리며 그녀와 하나님께 내가 한 일을 정말 뉘우치고 있다고 말했다. 그녀가 내게 다가왔고, 나는 그녀의 품에 기대어 울었다. 그녀가 내 머리를 쓰다듬는 것이 느껴졌다. 내가 한 일에 대한 후회와 뉘우침을 감추거나 나 혼자서 간직하지 않고 함께 나누자 우리는 은혜를 받아들일 수 있었다. 그리고 나서 깨진 조각들을 함께 주웠다.

>>> 후회 vs 수치심

우리가 은혜를 잃어버린 채 죄책감을 안고 살 때 그 죄책감은 대개 후회와 수치심으로 드러난다. 후회와 수치심은 동시에 나타나기도 하며, 서로 배타적이지 않다. 그러나 차이점이 있다. 간단히 말해서 후회가 당신이 했거나 하지 않은 일에 대한 나쁜 감정이라면, 수치심은 당신이 누구인지 혹은 당신이 하나님과 다른 사람들에게 어떻게 인식되는지에 대한 나쁜 감정이다.

우리는 요한복음 4장에 나오는 우물가의 여인에 대해 알아보았다. 그녀 안에 후회도 있었지만, 그녀의 실제 싸움은 수치심의 그늘 속에서 살아가는 것이었다. 그녀가 어떤 실수나 잘못된 결정을 만회하려 애쓰는 것이 아니라, 그런 것들이 그녀의 삶을 규정하고 있다는 것이 문제였다. 후회는 우리가 하거나 하지 않은 구체적인 일과 관련이 있는 반면 수치심은 우리의 정체성과 좀 더 관련이 있다.

나는 일 년에 서너 차례 교도소를 방문하여 재소자들을 위한 성경공부를 인도한다. 성경공부가 끝난 후에도 사람들을 찾아가 함께 기도하려고 한동안 머물기도 한다. 그러면서 많은 이들이 후회의 무거운 짐을 지고 있다는 것을 알게 되었다. 그들은 밤에도 잠들지 못한다. 하나님께서 자신을 용서해주셨다는 것을 알았지만 특정 순간이 계속해서 떠오른다. 절대 하지 말았어야 할 그 일을 했던 순간을 떠올리며, 그로 인해 치르게 된 대가와 자신이 사랑하는 사람들에 대한 생각에 사로잡힌다.

한 재소자가 내게 이런 말을 했다.

"제가 용서받았다는 건 알아요. 하지만 제가 다시 그 순간으로 돌아가 다른 선택을 할 수 있다면 제 인생이 어떻게 달라질까 하는 생각을 멈출 수가 없어요."

그것이 후회다. 아마 우리가 한두 시간, 또는 십 년, 이십 년을 거슬러 올라갈 수 있다면 되돌리고 싶은 것들을 상상할 수 있을 것이다. 그러면 우리는 어떤 일들을 다르게 할 것이다. 지나고 나서 우리의 삶과 우리가 사랑하는 사람들의 삶 속에서 그 죄의 결과를 보게 된다. 청구서 납부 기한이 되어서야 우리가 생각했던 것보다 그 대가가 훨씬 크다는 것을 알게 되는 것이다. 그리고 우리는 다른 사람들이 지불할 대가에 대해서는 생각도 하지 않았다.

사람들은 자신의 후회에 대해 이야기할 때 보통 이런 말들로 시작한다.

"내가 …만 했더라면….”

최근에 우연히 '남들은 모르는 후회'라는 웹사이트를 알게 되었다. 그 사이트에는 자신이 한 일을 후회하는 사람들의 글이 수없이 올라와 있었다. 다음은 몇 가지 예들이다.

- 네가 배 속에 있을 때 나는 18살이었고 남자 친구는 너무 난폭했지. 그들이 너를 없애버리려고 하는데도 나는 너무 겁이 나서 너와 나를 지키지 못했단다. 그것을 후회한다. 20년 전의 일이지만 나는 지금도 매일 너를 생각해.
- 우리가 너무 천천히 걷는다고, 어머니가 균형을 잡기 위해 내게 기댈 때 불평했던 것을 후회해요. 장애를 가진 어머니가 훨씬 더 힘들었을 텐데 말이에요. 그땐 너무 어렸어요. 죄송해요, 엄마.
- 너희들이 어릴 때 "사랑한다"는 말을 하지 않았던 것을 후회한다. 어째서 지금도 그 말을 잘 하지 못하는지 진심으로 후회한다.
- 내가 이기적인 엄마였던 것을 후회한다. 주방이 어지러워지는 것이 싫어서 너희가 주방 일을 돕도록 허락하지 않은 것을 말이다.

목록은 계속 이어진다. 그다지 구체적이지 않은 것들도 있다.

- 너는 오직 내 몸만 원했는데, 너에게 내 마음까지 준 걸 후회해.
- 돈을 모아두지 않아서 나는 아직 은퇴할 수 없어. 그것을 후회해.
- 너에게 내 감정을 말하지 않은 것을 후회한다.
- 우리를 위해 싸우지 않았던 걸 후회해.
- 불평하고 비난하면서 너무 많은 시간을 허비한 것을 후회한다.

우리에게 공통점이 한 가지 있다. 그것은 우리 모두 후회하는 일이 있다는 것이다. 우리에게는 그때로 다시 돌아가 다르게 하고 싶은 일들이 있다.

3년 전쯤 책을 쓴다고 약 2만 단어 정도 썼는데 어찌 된 일인지 문서 파일이 손상된 적이 있었다. 모든 페이지의 글자가 깨져 보였다. 바로 *였다. 처음 네 장(chapters)이 모두 ****인 책을 출판사에서 받아줄 리 없다고 생각했다. 그 문서에는 수백 시간의 작업이 담겨 있었다. 나는 그것을 서둘러 복구해보려고 했다. 최근 저장이 되었기 때문에 복구할 수 있으리라는 희망을 가졌다.

전문가에게 전화를 걸었더니 걱정하지 말라며 '타임머신'이라는 프로그램을 나의 맥북에서 실행하는 방법을 알려주었다. 그러자 왠지 내 컴퓨터의 문서가 손상되기 이전으로 돌아갈 수 있을 것만 같았다. 그런 일이 아예 일어나지 않았던 것처럼 말이다.

만일 하나님이 모든 사람에게 타임머신 기능을 갖추게 해주셨다면 도움이 되지 않았을까? 당신이라면 그것을 어떻게 사용했을 것 같은가? 어쩌면 형제자매에게 어떤 말을 하기 이전으로 돌아가려고 할 것이다. 불륜을 저지르기 이전으로 돌아갈지도 모른다. 처음 술을 마시기 직전으로 돌아가려고 할지도 모른다. 또는 가족을 떠나오기 전으로, 이전 남자 친구의 페이스북 친구요청을 수락하기 전으로, 첫 데이트를 하기 직전으로, 낙태 수술하러 병원에 들어서기 직전으로 돌아갈지도 모른다.

철창에 갇혀 있지 않더라도 그것이 우리가 죄수가 아니라는 말은 아니다. 우리를 가두고 있는 죄책감과 후회로부터 벗어나기를 간절히 바란다.

>>> 후회, 회한, 회개

어느 날 밤 두 제자는 결코 그렇게 하지 않을 것 같은 행동을 한다. 성경은 이 이야기를 들려준다. 바로 예수님이 체포되시던 날 밤이었다. 예수님은 제자들과 함께 다락방에 계셨다. 유다가 예수님을 배반하기 위해 먼저 식사 자리를 떠났다. 그는 유대 관원들을 만났다. 그들에게 예수님을 넘겨주기 위한 최종 준비를 하기 위해서였다.

하지만 이날 밤 예수님을 배신할 제자는 유다뿐만이 아니었다. 예수님은 다른 제자들에게 "오늘 밤에 너희가 다 나를 버리리라"라고 경고하셨다.

> 그 때에 예수께서 제자들에게 이르시되 오늘 밤에 너희가 다 나를 버리리
> 라 기록된 바 내가 목자를 치리니 양의 떼가 흩어지리라 하였느니라
>
> 마 26:31

베드로는 이 말을 듣고 분개했다. 그는 강하게 부인했지만 예수님은 그에게 이렇게 말씀하셨다.

내가 진실로 네게 이르노니 오늘 밤 닭 울기 전에 네가 세 번 나를 부인하리라 마 26:34

그러자 베드로는 "내가 주와 함께 죽을지언정 주를 부인하지 않겠나이다"라며 거듭 헌신을 다짐했다.

베드로가 이르되 내가 주와 함께 죽을지언정 주를 부인하지 않겠나이다 하고… 마 26:35

해가 지자 예수님은 제자들을 데리고 예루살렘 거리를 지나가신다. 그들은 도시에서 나와 동쪽 성전 문을 지나 감람산으로 간다. 그들은 겟세마네라는 곳에 이른다. 예수님은 제자들에게 기도하라고 하시고 혼자 다른 데로 가신다. 그는 참혹한 일이 자신을 기다리고 있다는 것을 아신다. 그리고 밤의 고요함 속에서 아버지께 부르짖는다.

예수님은 기도하러 자주 겟세마네 동산에 가셨던 것이 틀림없다. 유다가 어디 가면 예수님을 찾을 수 있는지 아는 것을 봐도 그렇다. 그는 예수님을 체포하기 위해 600여 명을 이끌고 동산으로 간다. 유다는 예수님이 누구인지 알도록 모두에게 신호를 보내기로 했다. 그래서 예수님에게 걸어가 배신의 입맞춤을 했다. 그러자 군인들이 몰려와 예수님을 붙잡는다. 제자들보다 군대의 수가 60배나 더 많다. 제자들에게는 가망이 없다.

그러나 베드로는 칼을 꺼내 든다. 그날 저녁 유월절 어린 양을 잡을 때 사용한 칼인 것 같다. 그는 대제사장의 종에게 칼을 휘두른다. 베드로는 그의 머리를 베려 했으나 그만 귀를 쳐낸다. 추측컨대, 베드로의 벽장문에도 구멍이 몇 개 있을 것이다. 예수님은 즉시 나서서 그런 베드로의 행동을 제지하신다. 떨어진 귀를 주워 그것을 입으로 후 불어서(disconfect)* 'disconfect'라는 단어를 모르겠다고? 그건 당신이 서문을 읽지 않고 건너뛰었다는 얘기다. 딱 걸렸다! 종에게 다시 붙여주신다.

예수님이 체포되시자 제자들은 두 명만 빼고는 모두 달아난다. 베드로와 요한은 안전거리를 두고 예수님을 따라간다. 그러다가 어느 순간 베드로는 대제사장의 뜰에서 예수님이 어떻게 되는지 보려고 기다린다. 그때 한 여종이 베드로를 알아보고는 예수님의 제자가 아니냐고 묻는다. 그러자 베드로는 자기가 절대로 하지 않겠다고 장담했던 그 일을 하고 만다. 바로 예수님을 부인하는 것이다. 그리고 불 있는 데로 가서 다른 이들과 함께 불을 쬐다가 또다시 누군가가 그를 알아보자 그때도 예수님을 모른다고 말한다.

잠시 후 세 번째로 다른 사람이 베드로를 알아본다. 그러자 베드로는 예수님을 저주하며 모른다고 맹세한다. 그리고 닭 울음소리가 들린다. 그때 예수님은 뜰을 지나 끌려가고 계셨다. 심하게 매를 맞으셔서 그의 얼굴은 피투성이에 퉁퉁 부으셨다. 누가복음 22장 61절에는 이렇게 나와 있다.

주께서 돌이켜 베드로를 보시니 베드로가 주의 말씀 곧 오늘 닭 울기 전

에 네가 세 번 나를 부인하리라 하심이 생각나서 눅 22:61

베드로는 정신이 번쩍 든다. 그는 자기가 무슨 짓을 했는지 깨닫는다. 절대 하지 않으리라 맹세한 바로 그 일을 한 것이다.

밖에 나가서 심히 통곡하니라 눅 22:62

예수님이 불법적이고 부당한 재판을 계속 받으실 때 유다 또한 회한으로 가득했다고 한다. 후회가 밀려왔고 어떻게든 상황을 바로잡아보려고 한다. 그는 대제사장과 장로들에게 가서 그 돈을 성전 안에 던진다. "내가 무죄한 피를 팔고 죄를 범하였도다"라고 고백한다(마 27:4).

베드로와 유다 둘 다 자기들이 한 일에 대해 죄책감과 후회로 가득하다. 다시 과거로 돌아가 자신들의 실수를 만회할 수 있으면 좋겠지만 그럴 수는 없다. 우리도 스스로 절대 하지 않으리라 약속했던 일을 했고, 그 일은 돌이킬 수 없다. 우리도 한 번이 아니라 세 번 그 일을 했을 수도 있다. 어쩌면 몇 번 했는지 기억하지 못할 수도 있다. 며칠, 몇 시간, 몇 분, 단 몇 초마저 당신의 남은 생을 규정할 것 같은 느낌이 든다.

우리의 후회는 회한으로 이어져야 한다. 그것이 우리가 죄를 직면할 때 나타내야 할 올바른 반응이다. 그곳은 하나님의 은혜가 우리를 가장 자주 찾아내실 자리이며, 또한 하나님의 은혜는 거기서 우리를 떠나지 않으실 것이다. 그런데 불행히도 우리는 죄책감에 직면하여 회한을 피하기 위해 우리가 할 수 있는 모든 것을 다 한다.

다음은 사람들이 자신의 후회를 다루는 일반적인 방법이다.

합리화

일반적인 합리화는 이런 것이다. "나는 아무에게도 피해를 주고 있지 않아", "그렇게 느낄 수밖에 없지", "하나님이 나를 이렇게 만드셨어", "하나님은 내가 행복하기 원해서." 우리는 사람들이 언제 합리화를 동원하는지 알 수 있다. 어떤 일이 옳지 않다는 것을 알면서도 스스로 괜찮다고 설득하려 한다는 느낌을 받기 때문이다.

정당화

이것은 자신을 제외한 모든 것, 또는 모든 사람을 탓하는 형태로 나타난다. 많은 사람들이 후회를 다루는 방식은 그것이 내 잘못이 아니고 따라서 내 책임이 아니라는 것을 설명하는 것이다. "우리 부모님이 그렇게 관대하지 않았더라면", "부모님이 너무 엄격하지 않았더라면", "아내가 너무 비판적이지 않았더라면", "남편이 그토록 무신경하지 않았더라면", "나의 상사가 그만큼 불공평하지 않았더라면", "이 세상 문화가 그렇게 부패하지 않았더라면."

비교

사람들은 자신과 다른 사람들을 비교함으로써 후회스러운 자신의 감정을 위로하려고 든다. 사람들이 스캔들을 다루는 잡지와 리얼리티 TV프로그램을 좋아하는 이유 중 하나가 여기에 있다고 생각한다. 다른 사람이 한 일에 대해 들으면 자신이 저지른 일이 그리 큰 일이 아닌 것 같은 느낌이 드는 것이다. "그래. 적어도 나는 …는 하지 않았어"라고 할 수 있을 때 어쩐지 후회하는 마음이 좀 진정되는 느낌이 든다.

오락
이것은 중요하다. 우리가 하던 일을 멈추고 자기 자신의 모습을 얼마나 충분히 성찰하는지 돌아보라. 우리는 우리가 내린 결정들을 돌아보는 시간을 갖지 않는다. 일, 관계, 오락거리들로 우리의 삶을 빈틈없이 채운다. 단 몇 초라도 남는 시간이 생기면 스마트폰으로 게임을 하거나 웹서핑을 한다.

현실도피
이것은 강력한 형태의 오락이라고 할 수 있다. 밀려오는 후회를 감당할 수 없어 약물, 대마초, 술에 의존하거나 아니면 신용카드를 꺼내서 정신없이 쇼핑을 다니는 것이다. 죄책감을 처리하고자 스스로 자신을 치료하려고 하는가 하면 잠시나마 자신이 저지른 일로 인한 아픔을 잊어보려고 애쓴다.

베드로와 유다는 둘 다 자신의 실수를 인정하고 무엇을 잘못했는지 시인한다. 후회가 그들을 회한으로 이끌어갔다. 하지만 그들이 회한을 다루는 방법은 서로 달랐다.

유다는 예수님을 배반하고 받은 은 삼십을 돌려준다. 물론 자기 잘못을 바로잡으려고 한 것은 좋은 일이다. 가능하면 우리는 자신이 한 일에 책임을 져야 한다. 문제는 많은 후회를 하지만 우리가 할 수 있는 일이 매우 적다는 것이다. 그렇기 때문에 후회 없이 산다는 것이 그토록 힘든 것이다. 유다는 이미 저질러진 일을 돌이킬 수 없다는 것을 안다. 그는 상황을 바로잡거나 깨진 조각들을 다시 붙일 수 없다는 것을 알았다. 성경은 그가 은전을 내던지고 나가 스스로 목을 매달아 죽었다고 말한다(마 27:5).

유다는 자신의 후회를 감당할 수 없었다. 하나님의 구속의 은혜보다 자신의 후회가 더 크다고 확신했다. 그래서 자신이 저지른 잘못의 무게를 견딜 수 없어 스스로 목숨을 끊은 것이다.

사람들 대부분이 자살이라는 방법으로 자신의 후회를 처리하지는 않는다. 그러나 확실한 것은 많은 사람들이 계속 후회하며 서서히 자신을 죽이고 있다는 사실이다.

베드로도 유다처럼 후회로 가득했다. 그러나 베드로는 회개한다. 후회는 회한으로 이어지고, 회한은 반드시 회개로 이어져야 한다. 여기에 지나치게 큰 의미를 부여하려는 것은 아니다. 베드로와 유다 둘 다 회한으로 가득했다. 그런데 성경에는 베드로만 울었다고 기록되어 있다. 이것이 중요하다고 생각한다. 메시지성경은 누가복음 22장 62절을 이렇게 풀어놓았다.

그는 밖으로 나가서, 하염없이 흐느껴 울고 또 울었다

이것이 나의 관심을 끌었던 이유는 내가 '눈물'을 회개의 징표라고 배웠기 때문이다. 나에게 와서 죄를 고백하는 사람들에게 하는 질문 중 하나가 있다.

"당신은 자신의 죄 때문에 눈물을 흘렸나요?"

이상한 질문으로 들릴 수 있지만, 나의 경험상 후회를 다룰 때 눈물은 놀라운 치유의 힘이 있다.

요한 크리소스톰(John Chrysostom)은 그것은 이렇게 표현한다.

"죄의 불이 아무리 강력해도 그 불은 적은 눈물로도 꺼진다. 눈물은 죄의 용광로의 불을 끄며 죄의 상처를 닦아주기 때문이다."

고린도후서 7장 10절은 유다와 베드로가 그들의 후회를 다룬 방식의 차이를 보여준다.

하나님의 뜻대로 하는 근심은 후회할 것이 없는 구원에 이르게 하는 회개를 이루는 것이요 세상 근심은 사망을 이루는 것이니라 고후 7:10

예수님이 죽은 자 가운데서 부활하신 후 어느 이른 아침, 베드로는 다른 제자들과 함께 고기를 잡고 있었다. 예수님의 제자가 되기 전 자신의 생업으로 삼던 일이었다. 어쩌면 그는 자신이 모든 것을 버리고 따른 분을 부인한 일로 낙심하여 그 일을 다시 하게 되었는지도 모른다. 어쩌면 자신의 죄를 회개하고 용서받았으나 남은 생을 후회하며 보내야 한다고 여겼을 수도 있다. '만약 그러지 않았더라면 어떻게 되었을까?', '예수님이 나를 어떻게 사용하셨을까?' 생각하면서 말이다.

베드로는 어떤 사람이 배로부터 90미터 정도 떨어진 해변을 홀로 걷고 있는 것을 보았다. 그가 배를 향해 큰소리로 외쳤다.

"고기가 좀 잡히느냐?"

베드로와 다른 사람들이 "아니요. 한 마리도 못 잡았습니다"라고 대답하자 그 사람이 "그물을 배 오른편에 던지라"고 말했다. 어부들이 그대로 하자 그물에 고기가 가득했다(요 21:4-6).

베드로는 그 분이 예수님이라는 것을 알았고, 배가 해변에 닿을 때까지 기다릴 수 없었다. 그는 물속으로 뛰어들어 그에게 헤엄쳐 갔다. 예수님은 아침식사를 준비하고 계셨고, 그들은 숯불 주변으로 모였다. 독특한 냄새가 어떻게 기억을 불러오는지 아는가? 탈의실의 악취는 축구를 연상시키고, 공장 특유의 냄새는 여름날 아르바이트를 떠올리게 하며, 특별한 향수 냄새가 아내와의 첫 데이트를 생각나게 할 수 있다. 숯 냄새는 베드로의 마음속에 어떤 장면을 떠오르게 했을까? 가장 최근에 그가 불 주위에 서 있었을 때, 그러니까 그가 예수님을 부인했던 그 순간을 떠올리게 했을지 자못 궁금하다.

떡과 생선으로 조반을 먹은 후 예수님은 베드로에게 세 번 물으셨다.

"네가 나를 사랑하느냐?"

베드로는 세 번 다 주님을 사랑한다고 말했다. 그러자 예수님은 "내 양을 먹이라"고 말씀하셨다(요 21:15-17). 예수님은 베드로에게 후회에 갇혀 있을 필요가 없다고 말씀하신다. 예수님은 여전히 베드로를 향한 원대한 계획을 갖고 계신다. 은혜는 후회를 구속하는 더 큰 힘을 가지고 있다.

>>> 하나님 은혜의 트로피

벽장에서 떨어져 깨진 거울 조각들을 줍고 난 다음날 아침, 나는 하나님께서 내가 주먹으로 벽에 구멍을 내고 그것을 가려놓은 이야기를 교회에서 나누기 원하시는 것 같다고 아내에게 말했다. 나는 그녀에게 그래도 괜찮겠냐고 물었다. 혹 그 이야기를 하면 아내가 난처해질지도 모른다는 것을 알기 때문이다. 아내는 벽장문을 주먹으로 쳐서 구멍을 낸 남자와 결혼했다는 것을 수천 명의 사람들이 알게 되는 걸 원치 않을지도 몰랐다. 나는 마음속으로 그녀가 안 된다고 해주길 바라고 있었다. 그러면 하나님도 이해하고 봐주실 거라고 믿었기 때문이다.

하지만 그녀는 내게 이렇게 말했다.

"하나님께서 당신이 그렇게 하기 원하신다고 생각한다면 그렇게 해야죠."

나는 그녀에게 사실대로 말했다.

"그런데 사람들이 나를 어떻게 생각할지 사실 약간 두려워."

그녀는 살짝 웃으며 이렇게 대답했다.

"날 믿어요. 우리 집 문에만 구멍이 있는 건 아닐 테니."

주일이 되자 나는 후회하며 사는 것과 회개하는 것의 차이에 대해 전하고, 은혜로 자유를 얻을 수 있음을 이야기하려고 일어났다. 나는 화를 참지 못하고 주먹으로 문에 구멍을 냈다는 사실을 사람들 앞에 실토했다. 예배가 끝났을 때 우리 교회 지도자들 중 한 명이 내게 걸어오는 것을 보았다. 그가 가까이 왔을 때 나는 시선을 아래로 향했다. 부끄러웠고, 그가 무슨 말을 할지 몰랐기 때문이다. 그런데 그가 나를 안아주며 이렇게 말했다.

"이건 아무도 모르는 사실인데 실은 저희 침실에 걸려 있는 그림 뒤에도 구멍이 있어요."

우리는 몇 분간 이야기를 나누었다. 이야기를 마치고 보니 다섯 사람이나 나와 이야기를 하려고 기다리고 있었다. 그들이 내게 무슨 얘기를 하려고 했는지 절대 알아맞히지 못할 것이다. 아내가 우리 집 문에만 구멍이 있는 것이 아닐 거라고 했을 때 나는 그녀가 비유적으로 말하는 걸 거라고 생각했다. 하지만 주일 예배를 모두 마치고 난 다음 많은 남자들이 구멍에 대해 이야기하려고 줄을 섰다.

오늘 우리 집에 와보면 벽장문에 여전히 구멍이 나 있는 것을 발견할 것이다. 나는 문을 교체하지 않았다. 다른 큰 거울로 그 부분을 다시 가리지도 않았다. 나는 그것을 그대로 두기로 했다. 왜냐하면 신기한 일이 일어났기 때문이다. 내가 그 문의 구멍을 감추고 싶었던 것은 그것을 볼 때마다 내가 후회하는 그 일을 생각나게 했기 때문인데, 이제는 반대로 그것이 내가 얼마나 사랑받고 있는지를 상기시켜주었다. 부서진 벽장문은 하나님 은혜의 트로피가 되었다.

은혜는 내 벽장문의 구멍보다 더 크다.

Grace

Is

> Than

Your Hurts

Part 2

은혜가 더 크다
내 상처보다

Greater

04

나의 큰 상처보다
더 큰 치유의 은혜

> >>

내 아내는 체계적인 사람이라 목록을 작성하고 방식을 만들고 물건을 제자리에 두는 걸 좋아한다. 나는 이런 개념들을 그저 막연하게 알고 있을 뿐이다. 나는 격벽근육절제술에 능하진 못한 것만큼 정리에 능숙하지 못하다. 어떤 혼란이 생길 경우, 나는 그것을 결코 능숙하게 해결하지 못한다.

아내는 최근에 《인생이 빛나는 정리의 마법》(The Life-Changing Magic of Tidying Up)이라는 책을 읽었다. 부제는 '일본인의 정리정돈 기술'이다. 이 책의 전제는 '정리'가 인생을 변화시키는 마법이며, 불필요한 것을 버리고 정리하는 것이 '기술'이라는 것이다. 이런 선전 문구는 내가 우리 집에서 원하는 것이 아니다.

아내는 이 책을 글로 읽고 오디오북으로도 듣고 있었다. 어느 날 일을 마치고 일찍 집에 왔을 때 아내는 이 오디오북을 틀어놓고 있었다. 나는 그녀가 옷장을 청소하면서 그것을 듣고 있다는 것을 알고, 그녀의 벽장은 이미 짜증날 정도로 깨끗하고 몸서리칠 만큼 말끔히 정돈되어 있다는 사실을 지적했다. 그녀는 자신의 벽장을 들여다보면 안 된다는 것을 상기시키고는 이것은 전혀 다른 차원의 정리정돈이라고 설명했다. 그녀는 자신의 물건들을 모두 모아 침실 한가운데 가득 쌓아놓았다.

나는 곤도 마리에가 정리의 비결은 자신이 간직하고 싶은 것이 무엇인지 정확히 알고 나머지는 모두 버리는 것이라고 설명하는 것을 들었다. 아주 분명히 들렸다. 그녀는 그런 어려운 결정을 어떻게 내려야 하는지도 설명했다. 방법은 모든 물건을 한 번에 하나씩 꺼내 들고 이렇게 묻는 것이다.

"너는 내게 기쁨을 주니?"

그렇다면 그 물건을 간직하고 그렇지 않으면 없애는 것이다. 내가 내 벽장에 있는 물건을 하나하나 손에 들고 "너는 내게 기쁨을 주니?"라고 묻는다고 생각하니 웃음이 터져 나왔다. 아내는 그런 나를 보고 말했다.

"웃지 마. 다음 차례는 당신 벽장이니까."

그런 협박은 하나도 무섭지 않다. 그녀가 내 벽장을 들여다볼 용기가 없으리라는 것을 알기 때문이다. 만일 그런 식으로 내 벽장을 정리하다가는 아마 사각팬티와 브이넥 옷밖에 남지 않을 거라고 설명했다.* 브이넥에 대해서도 확신이 없다. 그 책을 적용한다면 나는 '인생이 빛나는 사각팬티만 입기 마법'에 걸리거나 또는 '인생이 빛나는 실직과 자녀들에게 창피를 주는 마법'이 되지 않을까.

마침 이 책을 준비 중이었던 나는 그 오디오북을 들으며 우리가 어떻게 분노와 억울함 같은 감정에 애착을 갖게 되는지 생각하게 되었다. 그런 감정이 기쁨을 주지 않고 대신 평안을 빼앗아 가는데도 그것을 마음의 벽장 안에 간직해둔다. 여전히 그것들을 놓지 못하는 것 같다. 그리고 몇 년 동안 우리의 분노와 원망은 쌓여간다.

이제는 벽장을 정리해야 할 때다. 우리는 없애야 할 것들이 많다. 예를 들어보자.

> 너희는 모든 악독과 노함과 분냄과 떠드는 것과 비방하는 것을 모든 악의와 함께 버리고 엡 4:31

이것이 말처럼 쉬우면 얼마나 좋겠는가? 악독과 분냄을 버리는 것은 고통스러울 수 있다. 그냥 벽장문을 닫고 아무 문제도 없는 것처럼 지내다가 꼭 필요할 때만 여는 것이 더 쉽다. 그렇지만 나는 벽장을 청소하고 다른 사람들이 준 상처들을 처리하라고 권하고 싶다. 개인적인 경험으로, 또 20년 넘게 목사로 살면서 알게 된 것은 누군가에게 은혜와 용서를 베푸는 것, 그것을 받을 자격이 없고 잘못을 바로잡을 수도 없는 사람에게 그렇게 하는 것은 우리가 결정할 몫이 아니라 우리가 가야 할 여정이라는 것이다.

>>> 은혜 여정의 시작

첫 단계는 당신이 그 길을 가기 원한다고, 또는 적어도 그렇게 해보겠다고 결심하는 것이다. 버튼을 누르기만 하면 아픈 기억들이 사라지거나 다른 사람들 때문에 생긴 곪은 상처들이 없어지는 마법의 은혜 같은 것은 없다. 우리의 여정은 비록 용서가 지나친 요구처럼 보일 때라도 기꺼이 용서하려는 마음에서 시작된다.

다른 사람 때문에 깊은 상처를 입은 많은 사람들이 그런 상처를 계속 가지고 살거나 원망의 무거운 짐을 진 채 살고 싶어 하지 않는다. 은혜를 베푸는 것은 선택 사항이 아닌 것 같다.

어쩌면 당신은 그것을 이렇게 표현할 것이다.

"저는 심하게 상처 받았어요."

나는 그런 감정을 표현하는 여러 가지 말들을 들어왔다.

"당신은 내가 어떤 일을 겪었는지 몰라요."

"그녀가 내게 한 일을 생각하면 절대 그럴 수 없어요."

"그가 내 인생을 망쳐놨어요."

"생각만 해도 너무 힘들어요."

당신이 그럴지도 모른다. 어쩌면 계산해본 결과, 당신이 받은 상처가 당신이 줄 수 있는 은혜보다 더 크다는 결론에 이르렀을지도 모른다.

교회에서 이 주제로 설교를 한 지 며칠 후, 50대 중반인 한 여자로부터 이메일을 받았다. 그녀는 19살 때 신체적 언어적으로 폭력을 휘두르는 남자와 결혼했다. 그녀가 자신의 참혹한 결혼생활에 대해 들려주었을 때 나는 야구방망이를 가지고 이 남자와 단 둘이 5분만 있었으면 좋겠다고 생각했다. 그녀는 그 남자와 12년 동안 살다가 결국 도망쳤다. 지난 몇십 년 동안 원망과 분노와 노여움에 사로잡혀 있었다. 그녀가 그러고 싶어서 그런 것이 아니다. 그녀가 겪은 일들을 보면 그럴 수밖에 없었던 것 같다.

그녀는 이메일에서, 자신의 벽장을 열어서 그 안에 있는 것들을 처리하도록 도전하는 나의 설교를 들으며 느낀 감정을 설명했다.

매일 아침 일어나면 그 사람에 대한 미움이 저의 숨통을 조이는 것 같았어요. 전혀 다른 감정을 가질 수 있다는 생각을 해본 적이 없어요. 그가 저에게 한 일을 생각하면 절대 그럴 수 없어요. 너무 오랫동안 큰 고통을 겪다 보니, 제 마음의 응어리가 은혜의 가능성조차 들어올 틈을 주지 않았어요. 그것이 불가능해 보여서 제가 그를 용서하기 원하는지 생각해본 적도 없었어요. 목사님의 설교를 들으며 제가 한 번도 용서하려고 시도해본 적이 없었다는 것을 깨달았어요. 사실 하나님께서 제가 용서하기 원하신다는 생각도 해보지 못했어요. 지금도 그것이 과연 가능할지 모르겠지만, 적어도 시도는 해보려고 합니다.

그것이 이 여정의 첫걸음이다. 즉 그 상황을 해결하는 것이 불가능해 보이더라도 용서할 마음을 갖는 것이다.

여기서 잠시 정지 버튼을 누르고, 때로는 용서가 필요할 만큼 그 상처가 중요한 것인지 확인할 필요가 있다는 점을 지적하는 게 좋을 것 같다. 사실은 애초에 상처받을 필요가 없었는데 누군가를 용서해야 한다고 생각하는 경우가 있다.

5학년인 내 아들이 속한 야구팀은 대학 팀들의 이름을 따서 팀 이름을 짓는다. 아들은 자기 팀의 이름이 무엇으로 정해질지 기대로 들떠 있었다. 스파르탄, 트로전스, 아니면 라이온스? 아이는 '바나나 슬러그스'(Banana Slugs) 팀이 되었다. 하지만 이것은 아이가 바라던 것이 아니었다. 나는 조사를 좀 해보았다. 바나나 슬러그는 노랗고 끈적끈적한 달팽이로 사나운 이빨이나 치명적인 독 또는 날카로운 발톱 같은 것이 없다. 단지 매우 끈적이고 느릴 뿐이다. * '바나나 슬럭스'는 캘리포니아 대학교 산타크루즈 캠퍼스 혼성팀의 비공식 마스코트로 엄밀히 자격이 있다. 2009년 타임지 '역대 최악의 팀명 베스트 10'이라는 기사에서 '롱비치 스테이트 얼간이들'을 제치고 1위를 차지한 바 있다.

바나나 슬럭스라는 팀명은 내 아들에게 그야말로 잔인한 농담처럼 느껴졌다. 응원하는 사람들이 "바나나!" "슬럭스!"라고 구호 외치는 것을 들어도 흥이 나지 않았다. 어제 아들은 '스파르타 전사들'이라는 팀과 경기를 했다. 스파르타 전사와 싸우는 바나나 슬러그라고 생각해보라. 억울한 마음이 들지 않겠는가. 이미 상대팀에게 심리적으로 지고 들어간다는 느낌을 지우기 어렵다.

아들을 격려해주려고 하다보니, 나도 그 나이 때 했던 리틀리그 팀이 생각났다. 우리 팀 이름은 '스노드그라스 버그 앤 바디'(Snodgrass Bug and Body)였다. 그것은 폭스바겐 차를 전문으로 다루는 시내 정비소 이름이었다. 내가 그 팀이 되었다는 걸 알고 눈물을 흘렸던 기억이 난다. 우리 부모님은 내 반응을 보더니 웃기 시작하셨다. 나는 곧 그 안에서 유머를 발견했다. 우리는 스노드그라스 버그 앤 바디 응원가를 만들며 재미있는 시간을 보냈고, 이제 또 바나나 슬럭스를 위한 응원가를 지으며 즐기고 있다. 우리는 그 이름 때문에 하루를 망치거나 슬퍼하지 않기로 했다. 그것은 그럴 만한 가치가 없었다. 잠언 19장 11절은 "허물을 용서하는 것이 자기의 영광이니라"라고 말한다. 때로는 매우 사소한 일로 침울해지는데 우리는 기분이 상하지 않는 편을 선택해야 한다.

>>> 계산을 해보라

마태복음 18장에서 예수님은 받은 은혜뿐만 아니라 베풀어야 할 은혜도 크다는 것을 이해하기 쉽도록 무자비한 종의 이야기를 들려주신다. 우리는 이 비유에서 은혜가 양방향으로 흘러가야 한다는 것을 알게 된다. 은혜는 양방향 도로이다. 하나님으로부터 은혜를 받기만 하고 다른 사람들에게 은혜를 베풀지 않는 것은 선택 사항이 아니다. 은혜는 흐르는 것이다.

나는 당신이 좀 더 불편해할 수 있는 말을 하려고 한다. 당신이 하나님께 받은 은혜가 진짜인지 알아보는 방법은, 당신에게 가장 많은 상처를 주고 그럴 만한 자격이 없다고 여기는 사람에게 당신이 얼마나 은혜와 용서를 베푸는지를 보는 것이다.

베드로는 마태복음 18장에서 한 가지 질문을 가지고 예수님을 찾아온다. 그것은 포괄적인 질문이기는 해도 그 질문을 하게 된 구체적인 문제도 있었다.

주여 형제가 내게 죄를 범하면 몇 번이나 용서하여 주리이까 일곱 번까지 하오리이까?" 마 18:21

베드로는 풀어야 할 방정식을 제시한다. 반복적인 죄보다 은혜가 더 큰가? 그것은 이것과 비슷해 보인다.

은혜 > / < 죄 × 7

베드로는 예수님께 자신에게 상처를 주는 사람을 몇 번이나 용서해야 하는지 묻고 있다. 심지어 그는 일곱 번이라고 정답을 추측해가며, 자신이 매우 은혜로운 사람이라고 여기는 것 같다. 왜냐하면 그 당시 유대의 랍비들은 세 번까지 용서해야 한다고 가르쳤다. 네 번째는 용서할 필요가 없었다. 따라서 그가 '7'이라는 숫자를 제시할 때 예수님께서 수제자 베드로를 칭찬해주시길 기대했을 것이다.

"베드로야! 일곱 번이라고? 정말 믿기지 않을 만큼 너그럽구나. 왜 모든 제자들이 너와 같지 못할까!?"

베드로가 이 질문을 할 때 아마 마음속에 생각한 사람이 있었을 것이다. 어쩌면 자신은 이미 그 사람에게 충분히 은혜를 베풀었다고 생각했을 것이다. 짐작하건대, 아마 베드로가 그 사람을 일곱 번쯤 용서했을 것 같다. 누군가가 그에게 상처를 주었다. 한 번도 아니고 두 번도 아닌, 무려 일곱 번이나. 베드로는 이제 끝내고 싶었을 것이다. 너무 여러 번, 너무 심한 상처를 받아온 것이다. 어떤 사람에게는 횟수보다 정도가 더 문제일 것이다. 그 사람이 상처를 준 건 단 한 번이지만, 고통의 강도는 7배, 심지어 7제곱이었을지도 모른다.

우리는 베드로가 구체적으로 누구에 대해 이야기하는지 모른다. 하지만 그가 잘 아는 사람이었을 거라고 추정해도 좋을 것이다. 이 점은 뒤에서 좀 더 살펴보겠지만, 우리와 가장 가까운 사람들이 우리에게 가장 깊은 상처를 입힐 수 있는 것이 사실이다.

작년에 용서에 대해 설교한 후 나는 사람들에게 용서할 뿐 아니라 용서를 구하도록 도전했다. 그랬을 때 예배 후에 모르는 사람이 내게 와서 사과를 했다. 여러 달 전에 나에게 이메일을 보냈는데, 거기서 명백하게 나에게 상처가 될 만한 말을 했다는 것이다. 나는 그가 내게 진심으로 후회하며 미안했다고 말한다는 것을 알 수 있었다. 그의 사과는 겸손하고 진실했으며, 나는 그것을 느낄 수 있었다.

"제 말로 상처를 드려서 정말 가슴 아프고 죄송합니다."

나는 그에게 고마웠고 그를 용서했다. 그리고 또 이렇게 말했다.

"자, 당신을 위한 좋은 소식이 있어요. 당신이 무슨 말을 하는지 어렴풋이 알겠어요. 당신이 말하는 이메일을 받은 기억이 나네요. 하지만 저는 그날 집에 가서 아내와 키스하고, 아이들과 놀아주고, 아기처럼 잘 잤어요. 그것에 대해 별로 생각하지 않았어요."

나는 그에게 화가 나거나 기분이 나쁘지 않았다. 나는 그를 몰랐고 그도 나를 몰랐으며, 나를 알지도 못하는 사람에게 내 인생을 지배할 권한을 주지는 않기 때문이다. 우리가 가장 잘 알고 가장 사랑하는 사람들이 우리에게 상처를 준다는 것을 우리는 잘 안다.

물론 예외도 있다. 어떤 사람이 한 사람의 인생을 파멸로 몰아갈 만큼 오랜 기간 동안 그 사람의 삶 가운데 들어와 있었을 수도 있다. 하지만 대부분의 경우, 우리가 가장 많이 사랑하는 사람들이 우리에게 가장 심한 상처를 줄 힘이 있다. 우리가 마음을 주는 사람들이 그 마음을 상하게 하기 쉽다.

나는 이것이 베드로가 그냥 하게 된 신학적 질문은 아니라고 확신한다. 그 이면에 감춰진 인물 또는 이야기가 있을 것이다. 어쩌면 우리도 그 질문을 듣는 순간 어떻게든 잊고 싶었지만 기억할 수밖에 없는 얼굴과 사연이 함께 떠올랐을지 모른다. 어쩌면 베드로의 질문이 우리가 하고 싶었던 질문일지도 모른다.

"그런데요 예수님, 얼마나 멀어야 너무 먼 거죠? 얼마나 많아야 지나치게 많은 걸까요? 제가 받은 상처가 하나님께서 제게 주기 원하시는 은혜보다 더 클 때는 언제인가요? 은혜가 고갈되는 때는 언제인가요?"

나는 당신이 아래 빈칸을 어떤 단어로 채울지 모른다. 하지만 이런 계산을 할 때 떠오르는 등식은 아마 이것일 것이다.

은혜 < _____

예수님은 베드로의 질문에 이렇게 대답하신다.

네게 이르노니 일곱 번뿐 아니라 일곱 번을 일흔 번까지라도 할지니라
마 18:22

어떤 번역본에는 "일흔일곱 번"이라고 되어 있다. 그러니까 예수님은 77번 또는 490번을 말씀하고 계신 것이 아니다. 그는 칠판을 가리키며 "은혜가 항상 더 크다"(Grace is always greater)라고 말씀하고 계신다.

여기서 잠깐, 그럴 때 어떤 이들은 약간 방어하는 기분이 들 거라는 사실을 인정하자. 이것이 무시하는 말로 들리지 않기를 바란다. 나는 당신에게 무슨 일이 있었는지 모른다. 누군가가 경험한 배신의 깊이나 고통의 정도를 내가 다 이해할 수는 없다. 한밤중에 어떤 악몽에서 깨어나는지 나는 모른다. 하지만 은혜가 더 크다는 것만은 안다.

어떤 면에서 우리는 이것을 지적으로 받아들이려 할지도 모른다. 은

혜가 더 크다고 믿고 싶어도 감정적으로는 그 등식이 풀리지 않는다. 자신이 받은 학대나 배신이 너무 고통스러웠고, 남아 있는 쓴 뿌리가 없어지기 바라지만, 용서할 수 없을 것 같다.

나의 질문은 이것이다.

"그렇다면 적어도 시도해볼 마음이 있는가?"

>>> 받은 은혜

예수님은 우리에게 이 등식이 얼마나 어려울 수 있는지 이해하신다. 그래서 우리에게 시도해볼 만한 동기가 생기도록 돕기 위해 한 비유를 말씀해주신다.

> 그러므로 천국은 그 종들과 결산하려 하던 어떤 임금과 같으니 마 18:23

우리는 막대한 영향력을 가진 CEO와 같은 사람을 소개받는다. 그는 자기에게 빚진 자들에게 빚을 받을 때가 되었다고 판단한다. 그는 장부를 살펴보고 "만 달란트 빚진 자 하나를 데려왔다"(마 18:24). 보통 한 사람의 재산이 얼마나 되는지 몰라도 일만 달란트는 매우 큰 돈이다. 오늘날로 하면 1억 5천만 달러에 해당한다. 아마 예수님 당시 국가 예산의 10배쯤 되었을 것이다. 그 말을 듣고 있던 자가 피식 웃을 만큼 천문학적인 숫자였을 것이다. 어떤 임금도 이 정도의 돈을 빌려주지 않을 것이고, 어떤 종도 그것을 갚을 능력이 없었을 것이다. 예수님이 여기서 과장법을 사용하시는 이유는, 이것이 절대로 사람이 갚을 수 없는 빚이라는 것을 지적하기 위해서다.

예수님은 계속해서 말씀하신다.

> 갚을 것이 없는지라 주인이 명하여 그 몸과 아내와 자식들과 모든 소유
> 를 다 팔아 갚게 하라 하니 마 18:25

주인은 이 사람이 절대로 빚을 갚을 수 없다는 것을 안다. 그래서 채
무자가 가진 모든 것을 경매로 처분하고 채무자와 그의 가족까지 팔
아 노예 노동을 시키려고 한다. 이것은 부당한 일이 아니었다. 사실 빚
을 갚지 못하면 이런 대우를 받는 것이 당연했다.

이 비유는 우리와 하나님의 관계를 보여주기 위한 것이다. 우리는 결
산을 하도록 부름을 받는다. 하나님은 계속해서 우리를 보고 계셨고,
우리는 모두 죄인이다. 우리는 죄를 지었다. 그것은 절대로 갚을 수 없
을 만큼의 빚을 졌다는 뜻이다.

우리가 이것을 부정하며 하나님께 아무것도 빚진 것이 없는 척 살
수 있다. 그 빚을 정당화하거나 다른 사람들과 비교함으로써 무시해
버릴 수도 있다. 또는 당신에게 큰 빚이 있음을 인정하고 어떻게든 해
결해보겠다고 결심할지도 모른다. 문제는 당신이 해결할 수 없다는 것
이다. 빚이 너무 크다. 당신은 너무 많은 빚을 졌다. 어떤 선행으로도
빚이 없는 상태로 돌아갈 수 없다. 당신이 어떤 말과 행동을 해도 상황
을 돌이킬 수 없을 것이다.

예수님은 장부를 펴서 결산하기 위해 우리를 부르시는 하나님의 이
미지로 이 예화를 시작하신다. 그렇다. 이것은 우리가 죄로 인해 하나

님께 큰 빚을 진 상태임을 상기시켜주는 것이다.

히브리서 4장 13절은 이렇게 가르친다.

지으신 것이 하나도 그 앞에 나타나지 않음이 없고 우리의 결산을 받으실 이의 눈 앞에 만물이 벌거벗은 것 같이 드러나느니라 히 4:13

당신의 스승은 당신이 다른 사람의 논문을 표절했다는 것을 모를지 몰라도 하나님은 아신다. 당신의 남편은 당신이 헬스클럽에서 다른 남자에게 추파를 던진 것을 모르겠지만 하나님은 다 보셨다. 당신이 자신의 컴퓨터에서 지난 기록을 다 삭제했을지 몰라도 하나님은 당신이 방문한 웹사이트들을 다 알고 계신다. 다른 사람은 아무도 당신의 술버릇을 모르겠지만 하나님은 아신다. 창문이 꼭 닫혀 있어서 당신이 지르는 소리를 이웃 사람들은 들을 수 없겠지만 하나님은 하늘에서 다 들으신다. 상사는 당신이 횡령한 사실에 대해 모르겠지만 하나님은 아신다. 하나님은 그 모든 것을 알고 계신다. 심지어 지금 내가 당신에게 해당되는 적절한 예를 생각해내지 못했다고 당신이 자만하는 것까지 하나님은 아신다.

예수님의 이야기에 등장하는 종은 자기가 이 큰 빚을 졌고 어떤 대가를 치러야 하는지 알고 있다.

그 종이 엎드려 절하며 이르되 내게 참으소서 다 갚으리이다 하거늘
마 18:26

주인은 그런 일이 절대 일어나지 않으리라는 것을 안다. 이 종이 그 큰 빚을 갚을 가능성은 전혀 없다. 그런데 놀랍게도 주인은 그 종을 불쌍히 여겨 놓아 보내며 빚을 탕감해주었다. 여기에 사용된 두 동사가 있다. 하나는 "빚을 탕감해주다"로, 다른 하나는 "놓아 보내다"로 번역되었다. 두 동사 모두 정확히 "용서해주다"로 번역할 수 있다.

종은 1억 5천만 달러의 빚을 졌지만 주인은 장부에서 그것을 지워준다. 그것은 놀라운 은혜의 행위다. 주인이 기한을 연장해주거나 매달 갚아야 하는 돈의 액수를 낮춰준 것이 아니라 완전히 기록을 삭제해준 것이다. 대단히 큰 빚이었지만 주인의 은혜가 더 컸다.

>>> 은혜의 공동체

그런데 이 예화는 그다음에 충격적인 반전을 맞는다.

> 그 종이 나가서 자기에게 백 데나리온 빚진 동료 한 사람을 만나 붙들어 목을 잡고 이르되 빚을 갚으라 하매 마 18:28

1억 5천만 달러의 빚을 탕감 받은 종이 나가서 자기에게 20달러 빚진 동료를 만난다. 그는 그의 목을 조르며 빚을 갚으라고 요구하기 시작한다.

> 그 동료가 엎드려 간구하여 이르되 나에게 참아 주소서 갚으리이다 하되
> 마 18:29

이것은 그 종이 주인에게 한 말과 정확히 일치한다. 이 사실을 간과하지 말라. 그러니까 그는 자기가 받은 은혜와 같은 은혜를 요구받고 있다. 다만 그 정도가 훨씬 줄어들었을 뿐이다.

이 이야기를 들어본 적이 없다면, 앞으로 이 이야기가 어떻게 될 것 같은가? 당연히 그는 동료를 용서해줄 것이다. 자신도 큰 빚을 탕감받았기 때문이다. 당연히 그는 똑같은 자비를 베풀 것이다. 어떻게 그렇지 않을 수 있겠는가?

허락하지 아니하고 이에 가서 그가 빚을 갚도록 옥에 가두거늘 마 18:30

우리가 그다음에 나오는 자세한 이야기를 놓치기 쉬운데, 절대 묵과할 수 없다.

그 동료들이 그것을 보고 몹시 딱하게 여겨 주인에게 가서 그 일을 다 알리니 마 18:31

그 동료들, 즉 주인의 다른 종들이 용서하지 않는 종의 이야기를 주인에게 보고한다. 그들은 이 사람이 너무 큰 은혜를 받아놓고 그 은혜를 나누지 않는 것을 보고 격분했다. 왜일까? 그들은 이 은혜의 공동체 안에서, 그들을 종처럼 대하지 않고 아들과 딸처럼 대하는 주인과 함께 살기 때문이었다. 그들에게는 자비심이 넘치는 주인이 있다.

따라서 그들 중에 한 명, 큰 은혜를 받은 사람이 은혜 나누기를 거부하자 공동체가 '격분한' 것이다. 그 말은 또한 "몹시 딱하게 여겼다" 혹은 "매우 슬퍼했다"라는 말로 번역되기도 한다. 그것은 공동체에 속한 어떤 사람이 공동체의 핵심 가치를 어길 때 보이는 적절한 반응이다.

이것을 좀 더 생각해보자. 공동체의 한 사람이 은혜를 베풀지 않자 동료들이 격분해서 주인에게 가서 말한다. 이것을 놓치지 말라. 놀라운 은혜에 관한 이야기의 한가운데서, 우리는 은혜롭지 못한 사람에게 은혜가 결여된 것을 발견한다. 어쩌면 이 말이 언뜻 납득이 잘 안 될 수도 있겠지만, 그렇지 않다. 예수님께서는 죄에 사로잡힌 모든 사람을 만날 때마다 '철저한 은혜'(radical grace)를 베푸셨다. 그러나 바리새인들만은 예외였던 이유가 바로 여기에 있다. 그들의 죄는 은혜 베풀기를 거절한 것이었다.

은혜가 공동체의 핵심 가치라면, 그 공동체는 은혜 베풀기를 거절하는 사람을 못 본 척할 수 없다. 오늘날 교회는 예수님의 공동체다. 우리의 지도자가 그의 행동으로 입증하고 그의 가르침으로 강화하듯이, 우리의 핵심 가치는 은혜다. 따라서 우리 교회에 은혜가 나타나야 하고, 은혜가 넘쳐야 하며, 은혜로 알려져야 한다. 그래서 우리 중 한 사람이 은혜를 베풀지 않으면, 격분하고 심히 슬퍼해야 한다.

그러나 종종 교회는 공동체 안에서 은혜 베풀지 않는 사람들에게 분노하기보다 공동체 밖에 은혜가 필요한 사람들을 향해 분노한다고 알려져 있다. 나는 이 점을 우려한다. 우리가 공동체 안에서 율법주의 냄새를 맡으며 돌아다니거나 하나님의 놀라운 은혜를 받은 사람이 자신과 다른 문제로 힘들어하는 사람들을 판단하고 비난하는 것을 볼 때 우리는 그것을 매우 안타까워해야 한다.

은혜가 우리의 가장 분명한 속성이 되어야 하므로, 교회 안에서 은혜를 나누며 살지 않는 사람을 본다면 놀라고 슬퍼해야 한다. 평화 유지기구에 헌신한 사람이 자신이 쉬는 날에 테러를 계획하는 모습을 상상할 수 있는가? 도대체 말이 안 되는 것이다. 또한 그런 조직 안에 있는 사람들이 그 안에서 그들의 핵심 가치를 직접적으로 위반하는 사람이 있다는 것을 알게 된다면 완전히 격분할 것이다. 그 사람에게 직접 책임을 물을 것이다.

다시 히브리서 12장 15절을 보라.

> 너희는 하나님의 은혜에 이르지 못하는 자가 없도록 하고 또 쓴 뿌리가 나서 괴롭게 하여 많은 사람이 이로 말미암아 더럽게 되지 않게 하며
>
> 히 12:15

우리는 과분한 은혜를 받은 공동체로서 아무도 그 은혜를 받지 못하는 사람이 없게 하려고 최선을 다한다. 또 공동체 안에서 어떤 사람이 그 은혜를 받고도 베풀지 않으면 우리는 그를 가만히 놔두지 않는다.

이것이 지난 몇 년 동안 교회 안에서 많은 사람들에게 일어난 일이라는 것이 두렵다. 어떤 이유에서인지, 그들은 하나님의 은혜에 이르지 못했고 쓴 뿌리가 자라기 시작했다. 그 일은 우리가 하나님에 대해 이야기하면서 은혜를 무시할 때 일어난다. 즉 쓴 뿌리를 만드는 것이다. 히브리 문화에서는 모든 독성 식물을 '쓴'(bitter) 식물이라고 불렀다는 사실을 앞에서 지적한 바 있다. 이 비유가 은혜에 이르지 못하는 그리스도인이나 교회가 '독성'을 갖게 된다고 말한다는 것을 아는 것은 그리 어렵지 않다. 뿌리는 작고 천천히 자랄지 몰라도 그것이 독을 품고

있으면 위험하고 많은 것을 훼손할 수 있다.

>>> 손을 들라

얼마 전 페이스북에서 우연히 나의 고등학교 2년 선배인 여성의 페이지를 보았다. 페이스북에는 자기 자신에 대해 말하는 공간이 있다. 자신이 제일 좋아하는 영화, 밴드, 글귀 등을 기록할 수 있다. 그녀는 간디의 말을 인용해서 적어놓았다.

"나는 당신들의 그리스도를 좋아한다. 그러나 당신네 그리스도인들은 좋아하지 않는다. 당신네 그리스도인들은 당신들의 그리스도와 너무 다르다."

그 글을 읽을 때 나는 15살 때 기억이 떠올랐다. 그녀는 나와 같은 교회에 다녔다. 그곳은 작은 도시에 있는 작은 교회였다. 그래서 17살인 그녀가 임신했을 때 금세 소문이 다 퍼졌다. 그녀는 계속 교회에 나오려고 했지만 그녀가 나타나자 몇몇 부모들이 불평하기 시작했다. 그들의 자녀들을 위해 곤란하다고, 자신의 아이들이 교회에서 그런 일에 노출되는 것을 원하지 않는다고 말했다. 그녀가 그런 분위기를 눈치채기까지 그리 오래 걸리지 않았다. 그녀는 더 이상 교회에서 환영받지 못했다. 그리고 쓴 뿌리가 자라기 시작했다.

그 교회의 부모들은 그녀의 죄와 그녀에게 은혜가 필요하다는 사실을 불쾌히 여겼다. 하지만 그 교회 안에 있는 진짜 죄는 그들이 은혜를 베풀려 하지 않는 것이었다. 그 교회가 어떻게 반응해야 했는지 한 예를 들어 설명해보겠다.

한번은 장 라루 목사님이 '행동하는 사랑'(Love in Action)이라는 기관과 사역에 대해 이야기하는 것을 들었다. 그 단체는 성(sex) 중독자들을 위한 곳이다.[1] 장 라루 목사는 그룹 모임을 참관했던 이야기를 들려주었다. 그는 이런 모임에 가본 적이 없어서 무슨 일이 일어날지 잘 몰랐다. 꽤 많은 사람들이 함께 모여 있었다. 한 사람이 자신의 이야기를 나누기 위해 앞으로 나가더니 퇴근길에 성인 나이트클럽을 지나간 이야기를 했다. "정말 차를 세우고 싶었어요"라고 그가 말했다. 이 말을 하자 많은 사람들이 손을 번쩍 들어올렸다. 장 라루 목사는 무슨 일이 벌어지고 있는지 몰랐다.

그는 생각했다.

'이런 이야기를 하는 도중에 누가 질문을 하는 거지?'

그 사람이 자신의 이야기를 계속했다.

"그러고 싶지 않았는데… 어느새 주차장에 차를 대고 들어가고 있었어요."

또 몇 사람이 손을 들었다. 그 사람은 "거기서 저녁을 보냈어요"라며 자신이 한 일을 고백했다. 그랬더니 또다시 몇몇 사람이 손을 들었다.

그는 이렇게 말했다.

"그곳을 떠날 때 너무 부끄러웠어요. 더 이상 하나님이 저를 사랑하실 수 없을 것 같았어요."

이쯤 되자 장 라루 목사를 제외한 거의 모든 사람이 손을 번쩍 들어올렸다. 모두들 대체 무슨 질문을 하려는 건지, 그리고 왜 어떤 질문도 받지 않고 대답도 하지 않는 건지 이해할 수가 없었다. 나중에 책임자가 그와 이야기를 나누기 위해 다가왔다.

"힘들어 보이시네요."

"네, 혼란스러워요. 왜 이렇게 질문하려는 사람이 많은 거죠? 그리고 왜 아무도 질문에 답을 하려고 하지 않죠?"

그 책임자는 이렇게 말했다.

"오, 아니에요, 당신이 잘못 이해한 겁니다. 우리 단체에는 한 가지 규칙이 있어요. 혼자서 싸우지 말라는 것이죠. 그래서 다른 사람이 고백하는 문제와 동일한 문제로 씨름한 적이 있다면 손을 드는 거예요."

그런 것이 교회에도 필요하다. 아무도 하나님의 은혜에 이르지 못하는 자가 없게 하려면 말이다. 사람들이 원하는 것은 우리가 손가락질을 하는 것이 아니라 손을 드는 것이다. 그들이 들어야 할 말은 "저도 그래요. 저도 망가졌어요"라는 말이다. 그것이 용서에 의존해야만 들어올 수 있는 사람들로 가득한 은혜의 공동체 안에서 이해가 되는 유일한 반응이다. '은혜'에 대한 책에서 격분하라고 요구하는 것이 어울리지 않아 보일 것이다. 하지만 어떤 사람이 공동체의 핵심 가치를 위반할 때는 격분해야 마땅한 것이다.

공동체 안에서 주인의 은혜를 받기 원하면서 다른 사람에게는 은혜를 베풀려고 하지 않는 사람에게 목이 졸려본 사람들이 있을 것이다. 핵심 가치를 어긴 공동체 안에서 성장한 사람들을 위해, 잠시 그 공동체를 대신해 사과하고 싶다. 또 이해해준다면 실제로 여기서 그런 사람들을 언급해보려고 한다.

• 나보다 몇 년 먼저 졸업한, 임신한 젊은 자매에게 사과한다.
• 과거에 이혼했다는 이유로 공동체에 들어올 수 없다는 말을 들은 남성에

게 사과한다.

- 과거에 저지른 잘못에 대해 솔직하게 이야기했다가 더 이상 환영하지 않는다는 말을 들은 가석방자에게 사과한다.
- 성인 산업에 종사하다가 포옹이 필요해 공동체에 들어왔으나 판단하는 시선을 받은 여성에게 사과한다.
- 자신의 중독에 대해 솔직하게 말했다가 지원 대신 창피만 당한 중독자에게 사과한다.
- 그리고 …

우리 공동체에 속한 어떤 사람이 주인에게 은혜를 받기 원하면서 자기에게 상처 준 사람에게는 은혜를 베풀려는 시도조차 하지 않을 때 그 공동체는 분노하고 슬퍼해야 한다.

>>> 새로운 등식

주인은 놀라운 은혜를 받은 이 사람이 그 은혜를 나누지 않았다는 것을 알게 된다.

이에 주인이 그를 불러다가 말하되 악한 종아 네가 빌기에 내가 네 빚을 전부 탕감하여 주었거늘 내가 너를 불쌍히 여김과 같이 너도 네 동료를 불쌍히 여김이 마땅하지 아니하냐 하고 주인이 노하여 그 빚을 다 갚도록 그를 옥졸들에게 넘기니라 마 18:32-34

나는 그 일이 얼마나 오래 걸릴지 생각하고 있다. 그가 감옥 안에서 1억 5천만 달러를 벌려면 얼마나 오래 걸리겠는가? 아마도 영원히 못 갚지 않을까? 그렇다. 그는 절대 그 빚을 갚지 못할 것이다. 남은 생을 감옥에서 보내게 될 것이다. 은혜를 베풀려고 하지 않아서 감옥에 갇히고, 자기가 저지른 죄에 대한 엄청난 죄책감에 매이게 될 것이다. 그곳을 뭐라고 부르는지 아는가? 바로 지옥이라고 한다.

예수님이 비유를 말씀하실 때 그 의미가 약간 모호한 경우가 종종 있다. 어떤 때는 사람들이 그 의미를 곰곰이 생각해보도록 하신다. 그러나 여기서는 아니다. 예수님은 다음과 같은 경고로 이 비유를 끝맺으신다.

> 너희가 각각 마음으로부터 형제를 용서하지 아니하면 나의 하늘 아버지께서도 너희에게 이와 같이 하시리라 마 18:35

어떤 사람들은 즉시 반발할 것이다.

"뭐라고요? 나에게 상처를 주고, 나를 폭행하고, 배신하고, 속이고, 버린 그 사람을 내가 용서하지 않으면, 하나님이 나도 용서하지 않으신단 말입니까?"

아니, 내가 그렇게 말하는 것이 아니다. 나는 예수님의 말씀을 전하는 것뿐이다.

예수님이 그런 경고를 하신 것이 이때만은 아니었다. 마태복음 6장에서는 이렇게 말씀하셨다.

너희가 사람의 잘못을 용서하면 너희 하늘 아버지께서도 너희 잘못을 용서하시려니와 너희가 사람의 잘못을 용서하지 아니하면 너희 아버지께서도 너희 잘못을 용서하지 아니하시리라 마 6:14,15

예수님은 하나님의 은혜를 받은 사람이 다른 사람에게 은혜를 베풀지 않는 것이 불가능하다는 것을 명백히 말씀하셨다. 하나님이 당신의 죄를 용서하셨다면 당신은 계속해서 다른 사람의 죄를 마음에 담아두고 있을 수 없다. 만약 당신이 그렇게 한다면, 즉 원망을 품고 있으면 그 상처가 미움으로 변할 것이다. 그것은 당신 자신에게 독을 주입하는 것이고, 독은 금세 퍼질 것이다. 그로 인해 당신이 하나님의 은혜에 이르지 못할 수 있다는 것 또한 암시해준다. 자신이 당한 일에 원한을 계속 품고 있어도 그것이 기쁨을 주지 않는다는 사실을 깨닫고 원한을 버려야 한다.

나도 그 일이 간단하지 않다는 것을 안다. 그것은 긴 여정이며, 그 여정은 첫 걸음을 내딛는 의지에서 시작된다. 그것이 공평하지 않다는 것을 안다. 그 사람은 당신에게 상처를 주었다. 그는 당신에게 빚이 있다. 어쩌면 당신의 어린 시절을 빼앗아갔는지도 모른다. 혹은 결혼생활을, 혹은 많은 재산을… 적어도 그는 당신에게 해명할 책임이 있을 것이다.

그것을 봐준다는 것은 불공평한 일이다. 그것이 은혜이다. 그렇다고 우리가 이미 받은 은혜보다 더 많은 은혜를 베풀어야 하는 것은 아니다. 그것이 우리가 이 비유에서 배우는 것이다.

예수님은 자신만의 등식으로 베드로의 등식에 대한 답을 주신다. 예수님의 등식은 다음과 같다.

$$20달러 < 150,000,000달러$$

　다시 말해서, 당신이 받은 은혜가 당신이 나누어야 할 은혜보다 더 크다는 것이다.

　당신이 용서해야 하는 죄를 내가 축소하고 있다고 생각하지 않기 바란다. 그렇지 않다. 예수님도 마찬가지다. 아마 당신에게 정말 끔찍한 일들이 있었을 것이다. 상상만 해도 마음이 아프다. 그것을 가볍게 여기는 것이 아니다. 우리가 하나님의 거룩하심을 잘 이해하고, 우리 자신을 더 잘 이해할수록 이것이 얼마나 참된 말인지 깨닫게 되리라는 사실을 말하고 있는 것이다.

　복음을 충분히 이해하면 그것이 당신의 등식을 바꾼다.

>>> 그것을 은혜라고 부르지 말라

나는 어릴 때부터 누군가에게 상처를 주거나 결례를 범하거나 불순종하면 반드시 그것을 '바로잡는' 것이 나의 일이라고 배웠다. 나는 상대방과의 문제를 해결하기 위해 무슨 말을 하거나 어떤 행동을 해야만 했다. 그것은 아이들에게 좋은 교육이 된다. 하지만 그것이 용서와 은혜에 대한 비성경적인 접근법으로 발전했다. 내가 이런 결론에 이르렀기 때문이다. 즉, 어떤 사람이 나에게 상처를 주었을 때 그 사람이 잘못을 바로잡으면 그를 용서한다. 그들이 상황을 바로잡기 위해 무슨 말이나 어떤 행동을 하면 내가 그들을 용서하는 것이다. 그런데 문제는 이것은 은혜가 아니라는 것이다.

더욱이 너무 심한 상처를 입어서 어떤 말이나 행동으로도 그것을 해결할 수 없을 때는 어떻게 하는가? 어떤 사람들은 내 말이 무슨 뜻인지 정확히 알 것이다. 너무 심한 상처를 받은 사람은 상대방이 어떤 말과 행동을 해도 그것을 해결할 수 없다는 것을 뼈저리게 통감할 것이다.

하나님이 예수님을 통해 당신에게 은혜를 베푸셨을 때 당신이 하나님과의 관계 속에서 처한 입장이 바로 이런 것이었다. 당신은 아무것도 할 수 없었다. 아무 말도 할 수가 없었다. 당신이 해결할 수 있는 가능성이 전혀 없었을 때 하나님께서 자신의 독생자를 주셨다.

예수님은 주인이 빚을 탕감해주었다고 말씀하셨다. 단지 상환 기한을 연장해주거나 이자만 내도록 해준 것이 아니라, 아예 없애준 것이다. 그것이 바로 하나님이 우리를 위해 하신 일이다. 그것은 노력해서 얻은 것이 아니다. 당신에게 상처를 준 사람의 행동에 따라 달라지는 것을 은혜라고 생각한다면, 당신은 다른 단어를 찾아야만 한다. 그것은 은혜가 아니기 때문이다.

어떤 사람이 '은혜로' 자기 죄의 결과를 바로잡게 되는 것이 아니라 당신이 그 죄의 결과를 짊어지는 것이다. 그것은 공평하지 않다. 옳지도 않다. 하지만 예수님이 당신을 위해 하신 일이 정확히 그런 것이다.

>>> 당신을 위해 > 당신에게
그렇다면 당신은 최소한 벽장문을 열고 그 안을 들여다볼 마음이 있

는가? 꼭 그래야만 하는 것은 아니다. 하지만 그렇지 않다면 다른 대안은 무엇인가? 당신은 쓴 뿌리가 계속 자라도록 내버려둘 수 있다. 상대방이 당신에게 상처를 준 만큼 당신도 계속해서 그에게 상처를 주려고 할 수 있다. 계속해서 그가 진 빚을 모두 갚게 만들 수 있다. 그러나 궁극적으로 용서하지 않은 대가를 치르게 될 사람은 바로 당신이다.

이 이야기 속에서 1억 5천만 달러의 빚을 탕감 받은 종이 자기에게 20달러 빚진 동료를 용서해주지 않고 그를 감옥에 가게 했는데, 재미있는 것은 고대 세계에서 그 사람을 감옥에 가두는 데 드는 비용을 지불하는 사람이 누구인지 아는가? 바로 그가 빚을 졌던 사람이다. 20달러의 빚 대신 그는 상대를 처벌하기 위한 비용을 지불한 것이다. 용서하지 않음으로써 그는 받을 돈도 돌려받지 못할 뿐 아니라 결국 더큰 손해를 입게 된 것이다. 그 당시에는 그랬다.

그것은 지금도 그렇다. 당신이 용서하기를 거절하고 당신에게 죄 지은 사람을 당신의 '원한'이라는 감옥 안에 가둬둔다면, 그 대가를 누가 치를 것 같은가? 바로 당신이다. 잠을 못 자는 사람은 당신이다. 배가 아픈 사람도 당신이다. 마음속 원망이 당신의 다른 관계에까지 영향을 미칠 것이다. 당신의 벽장이 파손될 것이다.

주인은 우리의 빚을 탕감해주었고, 이제는 우리가 그 은혜를 흘려보내야 할 때다. 그것은 쉬운 일이 아니지만 하나님께는 가능한 일이다.

여기서 당신에게 당부하고 싶은 것이 있다. 당신에게 일어난 일을 생각하지 말고, 당신을 위해 해주신 일들을 생각하기 시작하라는 것이다.

당신에게 일어난 일들 때문에 고통스러울 때마다 의도적으로 하나님이 당신을 위해 하신 일들을 생각하기 시작하라. 당신에게 일어난 일보다 당신을 위해 이루신 일이 더 크기 때문이다.

나의 큰 원망보다
더 큰 자유의 은혜

>>>

식기세척기 버튼 누르는 것이 얼마나 힘든 일인가? 내 의견은 그리 힘들지 않다는 것이지만, 요지는 그것이 아니다. 모든 것을 아이러니하게 만든 것은 내가 '행복'에 관한 설교를 준비하고 있는 중이었다는 사실이다. 그때의 상황을 설명해보겠다.

아내와 나는 플로리다 주 데스틴의 한 해변에 있었다. 아이들 없이. 행복의 비결이 거기에 있었다. 바울은 하나님 안에서 기쁨과 만족을 발견하는 것에 관한 글을 감옥에서 썼다. 나도 그것에 대해 해변에서 글을 썼다. 그런데 변명을 좀 하자면, 그곳은 사람이 붐비는 해변이었다. 우리는 4일 동안 콘도를 빌렸고, 금요일 오전 10시까지 체크아웃을 해야만 했다.

체크아웃 하기 전에 해야 할 일이 몇 가지 있다. 침대 시트 벗겨놓기, 모든 수건을 복도에 내놓기, 쓰레기 내놓기, 식기세척기에 식기를 넣고 작동시키기. 아내는 내게 식기세척기를 맡겼다. 10시 5분경에 50대 한 남자와 여자 두 명이 콘도 안으로 들어와 이렇게 말했다.

"음, 우리는 청소하러 왔습니다. 원래 10시까지 여기서 나가주셔야 하는데요."

나는 그에게 사과하고 고맙다고 말했다. 그리고 우리가 지금 막 나가는 중이었다고 말했다. 우리는 짐을 가지고 3층 콘도에서 내려와 차로 향했다. 차가 있는 곳에 도착하기도 전에 50대 남자가 우리 방에서 나와 주차장에 있는 우리에게 큰소리를 질렀다.

"이봐요, 식기세척기를 켜놓은 건 고맙지만, 당신이 해야 할 일이 몇 가지나 된다고 그깟 버튼 하나 못 눌러요?"

그때 나는 막 설교문 작성을 마친 상태였다. 그 설교는 우리에게 하나님이 계시기 때문에 우리의 상황들 때문에 우리 안에 기쁨을 빼앗겨서는 안 된다는 것을 설명하는 내용이었다. 그러니 내가 그 상황에서 매우 겸손하게 반응했을 거라고 다들 생각할 것이다.

그런데 당신이 틀렸다. 나는 속으로 이렇게 생각했다.

'아니, 저렇게 오버하면서 빈정대고 싶나? 나도 똑같이 말할 수 있어.'

나는 그에게 소리쳤다.

"버튼을 누르게 해서 미안하네요. 정말 힘든 일이었을 텐데 말입니다."

그리고 무시하듯이 웃었다. 그러자 그가 다시 내게 소리쳤다. 좀 더 상스러운 말을 써 가면서. 나도 그에게 다시 소리를 질렀다. 아내는 차 안으로 들어가 문을 닫고 앉아 있다. 결국 그는 화가 난 채 소리를 지르며 가버렸다. 내가 들은 마지막 말은 그가 나를 "쓰레기 같은…"이라고 부르는 것이었다.

나는 차에 타면서 문을 쾅 닫았다. 이때 나는 그 상황을 가만히 놓고 보며, 그것이 기쁨을 주지 않는다는 것을 알고 과감히 버렸어야 했다. 속으로 "항상 기뻐하라"는 말씀을 생각했어야 했다. 사랑은 오래 참고 온유하다는 것도 기억했어야만 했다. 기어를 넣고 출발하며 모든 일을 웃어넘겼어야만 했다. 그랬어야만 했다.

그렇지만 나는 그렇게 하지 않았다. 차에 앉아 있는데 내가 무례한 대우를 받았다는 생각에 너무 화가 났다. 아내가 그냥 가자고 말하는 것을 들었다. 듣긴 들었을 것이다. 하지만 아내는 《인생이 빛나는 정리의 마법》 같은 책을 돈 주고 산 여자다.

나는 말했다.

"아니, 그럴 수 없어. 그 사람에게 냉정하게 사실을 말해줄 필요가 있어."

나는 차에서 내렸다. 문을 닫기 전에 아내가 이렇게 말하는 소리를 들었다.

"당신이 올라가는 것에 대해 얼른 기도해봐."

나는 그 사람을 만나기 위해 3층까지 올라가기 시작했다.

"식기세척기 버튼은 못 눌러도 3층 발코니에서 소리 지를 힘은 있나 보지."

1층을 올라가자 내가 잘못했다는 생각이 들면서 부끄러워졌다.* 만일 콘도가 1층이었다면 그런 일은 결코 일어나지 않았을 것이다. 계단을 올라가게 하신 하나님께 감사드린다. 2층에 이르자 나는 하나님께 잘못했다고 말하고 있었다. 거의 동시에 그에게 사과하고 그가 일을 더한 것에 대해 팁을 줘야겠다는 생각이 강하게 들었다. 지갑을 열어보았더니 마침 100달러 지폐밖에 없었다.

나는 생각했다.

'아마 하나님은 내가 그 사람에게 팁 주는 걸 원하시지는 않나봐.'

나는 콘도 안으로 걸어 들어갔다. 그 사람은 나를 보는 순간 다시 소리를 지르기 시작했다. 내 안에서 '한 판 더 붙어봐!'라는 음성이 들렸다. 그러나 나는 내키지 않아도 이렇게 말했다.

"제가 사과드릴게요. 방 청소를 해야 하는데 방을 쓴 사람이 작은 일조차 해놓지 않아서 불만스러우셨을 거예요. 죄송합니다. 일을 더 하시게 되었으니 감사의 뜻으로 이걸 드리고 싶습니다."

나는 100달러 지폐를 건넸다. 그러자 그의 눈에 눈물이 가득 찼다. 그는 놀라며 사과하기 시작했다. 내 눈에도 눈물이 가득 차올랐다. 아마 우리는 둘 다 서로 안아주고 싶었던 것 같다. 하지만 대신 악수만 했다.

다시 계단을 내려가는데, 그 순간이 전혀 자랑스럽지 않고 대신 너무 마음이 아팠다. 그리고 이와 비슷한 얼마나 많은 순간에 나의 교만 때문에 하나님의 은혜를 놓쳤을까 하는 생각이 들었다.

나는 나의 죄를 하나님께 회개하기 시작했다. 하나님은 내가 은혜와 겸손을 나타내기 원하셨는데, 나는 너무 거만하고 독선적일 때가 많았다.

나는 차로 돌아와 앉았다. 그리고 울었다. 물론 엉엉 운 것은 아니고 그냥 눈물을 글썽거리는 정도였다. 아내가 무슨 일이냐고 물었다. 나는 그녀에게 방금 있었던 일을 말해주었다. 그녀는 내 다리를 쓰다듬으며 웃는 얼굴로 말했다.

"오, 정말 귀여운데. 당신은 점점 자라고 있어요."

장난 같은 말이지만 그녀가 나를 자랑스러워한다는 것을 알 수 있었다. 하지만 작은 일에 은혜를 베푸는 이 영역에 관한 한 사실 나는 오래 전에 이미 성장을 마쳤어야 했다.

>>> 성장

에베소서 4장에서 바울은 교회(그리스도의 몸)가 '세워지는(12절)' 것에 대해 말한다.

> 우리가 다 하나님의 아들을 믿는 것과 아는 일에 하나가 되어 온전한 사람을 이루어 그리스도의 장성한 분량이 충만한 데까지 이르리니 이는 우리가 이제부터 어린 아이가 되지 아니하여 사람의 속임수와 간사한 유혹에 빠져 온갖 교훈의 풍조에 밀려 요동하지 않게 하려 함이라 오직 사랑 안에서 참된 것을 하여 범사에 그에게까지 자랄지라 그는 머리니 곧 그리스도라 그에게서 온 몸이 각 마디를 통하여 도움을 받음으로 연결되고 결합되어 각 지체의 분량대로 역사하여 그 몸을 자라게 하며 사랑 안에서 스스로 세우느니라 엡 4:13-16

그는 우리가 "온전한 사람을 이루어 그리스도의 장성한 분량이 충만한 데까지 이르러야" 한다고 말한다. 그렇게 하면 "우리가 이제부터 어린 아이가 되지 아니하고" 대신 "범사에… 자랄지라"라고 말한다.

성장하고 "부르심을 받은 일에 합당하게 행하며" 사는 것을 중점적으로 이야기하는 이 장에서(1절), 우리는 주요 적용점이 원망을 버리고 용서하는 것임을 발견한다.

분을 내어도 죄를 짓지 말며 해가 지도록 분을 품지 말고 마귀에게 틈을 주지 말라 엡 4:26,27

하나님의 성령을 근심하게 하지 말라 그 안에서 너희가 구원의 날까지 인치심을 받았느니라 너희는 모든 악독과 노함과 분냄과 떠드는 것과 비방하는 것을 모든 악의와 함께 버리고 서로 친절하게 하며 불쌍히 여기며 서로 용서하기를 하나님이 그리스도 안에서 너희를 용서하심과 같이 하라

엡 4:30-32

그리스도 안에서 성장하고 성숙하라는 가르침을 받는데, 왜 강조점은 은혜를 베풀고 용서하라는 데 있는가? 나는 우리가 용서할 때 하나님을 가장 닮아가기 때문이라고 생각한다. 에베소서 4장에서, 그리고 성경 전체에서, 하나님이 예수님을 통해 우리에게 주시는 은혜와 우리가 서로 나누어야 하는 은혜가 직접적인 관련이 있음을 알 수 있다.

영적으로 말하면 용서를 배우는 것이 곧 성장하는 것이다.

앞 장에서 우리는 은혜를 나누는 여정의 첫 걸음이 우리가 용서받았기 때문에 다른 사람을 기꺼이 용서하는 것임을 보았다. 다음으로 은혜를 나누는 이 여정의 세 가지 중요한 표지를 제시할 것이다.

이 장에서는 우리의 분노, 원망, 격분의 감정을 하나님께 내어드리는 데 초점을 둘 것이다. 다음 장에서는 그런 감정들에 이름과 얼굴을 부여하고, 우리에게 상처 준 사람을 하나님께 맡기도록 도전할 것이다. 그다음 2부의 마지막 장인 7장에서는 화해의 가능성에 대해 다룰 것이다. 그것이 항상 가능한 것은 아니다. 때로는 적절치 않은 것도 사실이

다. 하지만 용서가 화해를 낳을 때 그것은 우리를 향한 하나님의 은혜와 용서를 가장 정확히 보여준다.

우리의 감정이 우리를 옭아매고, 억누르며, 용서하려는 의지를 막을 수 있다. 그것이 우리가 용서와 함께 앞으로 나아가는 것을 막는 걸림돌들이다.

이제 우리 중에 일부는 더 성장해서 하고 싶지 않은 일도 해야만 한다. 이 여정이 우리의 감정에 따라 달라지거나 우리의 결심에 의존하게 하는 대신, 우리의 벽장을 청소하고 그동안 우리가 앞으로 나아가는 것을 방해했던 분노와 원망을 없앨 수 있도록 성령께 도우심을 구해야 한다.

우리는 다음 세 가지 중 한 가지 방법으로 상처와 분노를 다루려고 한다.

>>> 억압

나는 우리가 삶 속에서 받는 상처들에 대해 생각해보았고, 페이스북 친구들에게도 도움을 요청하여 용서하기 힘들었던 몇몇 경험에 대해 이야기해줄 것을 부탁했다. 그들의 답변을 읽으면서 나는 이런 문장들이 너무 자주 나와 깜짝 놀랐다. "이 얘기는 아무에게도 한 적이 없어요"라든가 "이 짐을 너무 오래 지고 살았어요" 같은 말이다.

우리는 우리의 상처를 빈번히 이런 식으로 다룬다. 그것들을 하나님께 내어드리는 대신 억누르고 참으려고 한다. 우리의 감정이 겉으로 드러나지 않게 하는 것이 그것을 성공적으로 다루는 것이라고 생각한다.

'억압'의 정의는 "어떤 것을 억지로 누르는" 것이다. 따라서 어떤 것이 겉으로 나오기 원하나 그것을 억눌러 나오지 못하게 한다는 것이다.

아마 많은 사람들이 이런 식으로 감정을 다루도록 배웠을 것이다. 아무도 그 감정을 똑바로 보지 못한다. 벽장 안에 넣어두고 문을 닫아버린다. 문제는 우리가 이 감정을 억압해도 그것들이 사라지지 않는다는 것이다. 그것은 독성을 갖게 된다.

〈생명을 건 포획〉(Deadliest Catch)이라는 리얼리티 쇼를 본 적이 있는가? 이 프로를 보기 전까지 나는 알래스카 대게가 왜 그렇게 비싼지 이해할 수 없었다. 그런데 지금은 이해가 된다. 베링 해의 게잡이 어부들은 며칠 밤을 새며 12미터 높이의 파도와 차디찬 날씨와 싸워가며 320킬로그램의 통발을 설치한다. 시푸드 레스토랑인 레드 랍스터(Red Robster)에서 비싼 저녁 메뉴로 나가길 기대하면서 말이다.

당신이 그 프로를 보았다면 부상자는 많은데 의사가 없다는 것을 알 것이다. 알고 보면 베링 해는 대게뿐만 아니라 감염의 온상이기도 하다. 한 에피소드를 보면, 신참인 존 왈츠가 손을 다치는데 동료 선원들은 그를 위해 아무것도 해주지 않고, 그를 게이라고 부르며 몰아세울 뿐이다. 그의 손은 금세 감염된다. 비위가 강하다면 온라인으로 한번 봐도 좋다. 그렇지 않다면 그냥 내가 설명해주겠다. 그의 손등과 가운뎃손가락은 소화제 펩토 비스몰(Pepto-Bismol) 같은 핑크색이었고 물풍선처럼 부어올랐다. 물이나 펩토 비스몰이 아니라 고름이 가득 찬 물풍선이었다. 손가락에 난 구멍에서 고름이 배어나왔다. 간호사에게 상처를 보여주자 즉시 의사를 찾아가보라고 했다.

나는 베링 해에서 게잡이를 해본 적이 없다. 베링 해에서 잡은 게를

돈 주고 먹을 생각도 없다. 하지만 목사로서 깊은 상처를 지니고 있고 너무 오래 심한 감염 상태로 살아온 수많은 사람들에게 말씀을 전하도록 부름 받았다. 종종 그 사람이 일찍이 상처를 입었는데 자신의 감정을 무시하고 살아왔기 때문에 치유가 이루어지지 않은 경우들을 발견한다. 원망이라는 병균에 감염되었는데 아무 처치도 하지 않아 온몸에 퍼진 것이다.

이런 대화를 나눌 때마다 우리가 돌아가야 할 말씀이 떠오른다.

너희는 하나님의 은혜에 이르지 못하는 자가 없도록 하고 또 쓴 뿌리가 나서 괴롭게 하여 많은 사람이 이로 말미암아 더럽게 되지 않게 하며

히 12:15

분노를 억누르면 원망이 쌓이고, 그것은 하나님의 은혜를 잃어버리게 할 수 있다. 치유의 희망이 남아 있다면, 우리는 감정을 억압하는 일을 그만두어야 한다. 그 감정을 하나씩 살펴서 그것을 계속 지니고 있기 원하는지 아니면 떠나보내기 원하는지 결정하라.

우리가 받은 상처로 인한 분노나 원망을 억눌러 왔는지 어떻게 알 수 있을까? 다음과 같은 경보음이 울리는지 잘 살펴보라.

작은 일에 지나치게 화를 낸다
분노가 벽장 안에 쌓이도록 계속 내버려두면 결국 문을 밀어내고 쏟아져 나오기 시작한다. 그래서 작은 일들에 짜증이 나고 화가 나는 것이다. 주변 사람들은 우리가 계속 짜증을 내거나 화가 폭발하는 것을

보고 '저건 어디서 나오는 걸까?' 하고 생각한다.

어떤 사람이 호텔에서 엘리베이터를 기다리는데 빨리 오지 않는다. 그러자 그는 격렬하게 화살표 버튼을 누르느라 얼굴이 점점 빨개진다. 그는 "대체 엘리베이터가 어디에 있는 거야?"라고 따지기 시작한다. 이 남자는 엘리베이터 때문에 화가 난 것일까. 그의 내면에 감춰진 무언가가 있다. 그것은 분노를 억압하기 때문이고 결국 그 모습을 드러낼 것이다.

어쩌면 당신은 이것을 경험했을 것이다. 누군가가 도로에서 자신의 자동차 진로를 방해할 때 분노가 터져나온다. 또는 음료를 쏟은 아이에게 마구 소리 지르는 자신의 모습을 발견한다. 작은 일에 크게 분노하는 것은 억압된 분노가 독으로 변하여 밖으로 나오는 것을 보여준다.

모든 일에 대해 불평한다
받은 상처에 대한 분노를 억압하는 사람들은 모든 것을 부정적인 렌즈를 통해 보는 경향이 있다. 그들은 계속해서 교사들, 동료들, 이웃들, 친척들, 서빙하는 사람들, 다른 운전자들에 대해 불평한다. 모든 일에서 부정적인 측면을 발견한다. 은혜의 렌즈를 통해 세상을 바라보는 대신, 원망의 렌즈를 통해 세상을 바라본다. 그것이 결국 그들을 규정하고, 그런 부정적인 성향이 곧 자기충족적인 것이 될 수 있다.

지나치게 예민하거나 방어적인 태도를 보인다
실제로 당신은 지금 이 장을 읽으면서 약간 방어하는 느낌이 들 수도 있다.

'잠깐, 당신이 지금 내 얘기를 하는 것 같은데. 하지만 난 지나치게 예민하거나 방어적이지는 않아!'

그렇다. 당신은 이렇게 말할지도 모른다.

"전 지나치게 예민하고 방어적이진 않아요. 아무도 제가 지나치게 예민하거나 방어적이라고 말한 사람은 없거든요."

왜 아무도 당신이 지나치게 예민하고 방어적이라고 말한 적이 없는지 아는가? 바로 당신이 지나치게 예민하고 방어적이기 때문이다. 그들은 당신이 화나는 것을 원치 않기 때문에 당신에게 말하려 하지 않는 것이다. 그래서 그들은 최대한 당신을 피하려 한다.

당신의 동료들은 당신의 사무실을 급히 지나치고 휴대폰으로 통화하는 척한다. 당신의 자녀들은 학교에서 돌아와 당신의 심기를 건드리지 않기 바라며 저녁 내내 자기 방에 들어가 있다. 당신의 배우자도 당신의 눈에 띄지 않길 바라며 한구석에 웅크리고 있으면서 당신이 폭발할까 봐 두려워한다.

당신은 이런 감정들을 벽장 안에 꼭꼭 잘 넣어두었다고 생각할 것이다. 하지만 당신이 지나치게 화를 내고, 불평하는 성향이 있고, 또는 방어적인 태도를 보인다면, 원망과 분노가 밖으로 빠져나오고 있는 건지도 모른다.

>>> 반복

좋아하는 영화를 계속 볼 수 있게 DVR에 * 40대 이상의 독자들은 'DVD에', 50대 이상의 독자들은 'VHS 테이프에' 또는 60대 이상 독자들은 '슬라이드 프로젝터에' 저장해둔 적이 있는가? 아니면 특별한 시즌마다 보는 특별한 영화가 있을 수도 있다.

그런데 흔히 좋아하는 영화를 보기 위해 하는 그 일을, 우리는 아무 생각 없이 가장 나쁜 기억들에 대해서도 그렇게 하는 경향이 있다. 즉 우리가 배신당한 순간이나 혐오스러운 말들이나 부당한 대우를 받았던 경험을 계속 간직하고 반복 재생하려 한다. 자신에게 일어났던 일을 반복해서 계속 돌려본다. 다시 또다시. 그런데 그것은 당신의 상처가 원망으로 변하게 만든다. 그렇게 하지 않으면 당신에게 그런 일을 한 사람들을 그냥 놓아주는 거라고 생각하는데, 사실 그것은 그들이 당신에게 계속 상처를 주게 하는 것이다. 딱지를 떼어내고 피가 나는 것을 봄으로써 이미 시작되었을지도 모르는 치유를 중단하는 것이다.

바울이 에베소서 4장 26,27절에서 한 말을 기억하라.

해가 지도록 분을 품지 말고 마귀에게 틈을 주지 말라 엡 4:26,27

우리가 분노를 붙잡는 것은 마귀에게 우리 삶에 들어올 틈을 주는 것이다. '틈'이라고 번역된 이 단어(foothold)는 기회를 나타낸다. 다른 식으로 생각해보면, "마귀에게 발붙일 기회를 주지 말라"는 말이다. 그것은 우리가 분노를 억누르거나 반복적으로 떠올릴 때 마귀에게 베이스캠프를 세울 자리를 내어주고 있다는 뜻이다. 마귀는 그것을 기반으로 그의 임무를 수행하게 된다. 해결되지 않은 분노는 마귀가 걸어 들어와 우리 집의 다른 방까지 접근할 수 있도록 허용하는 것이다.

건강과 관련된 많은 문제들이 만성적인 분노와 연관이 있다. 심장 병, 뇌졸중, 혈압, 관절염, 불면증, 위장질환, 궤양, 낭창, 피부질환, 수면질환 등. '원망'은 건강상의 새로운 문제들을 일으키거나 기존에 있던 질병을 더 악화시킬 수 있다. 사실 이런 감정들은 우리 마음과 얽혀 있으며 실제로 우리의 삶을 위협할 수 있다. 누군가를 용서하지 않는 것은 독약을 마시고 나서 다른 사람이 죽기를 기다리는 것과 같다는 말이 있다. 그것은 우리가 생각하는 것보다 더 사실에 가까울지도 모른다.

"연구원들은 만성 분노가 흡연, 비만, 고지방식과 맞먹을 정도로, 또는 그보다 더 강력한 조기 사망의 위험 인자라고 할 만큼 해롭다는 것을 시사하는 데이터를 수집했다"[1] 라는 뉴욕타임즈의 기사도 있다. 미시간 대학교에서 한 여성 그룹을 대상으로 어떤 사람들이 오랫동안 원망을 품고 있었는지 알아보기 위한 실험을 했다. 그리고 18년 동안 모든 여성들을 추적했는데 그 결과는 놀라웠다. 억압된 분노를 가졌던 여성들이 심한 적대감을 품지 않았던 여성들보다 연구 기간 동안 죽은 확률이 3배나 더 높았던 것이다.[2]

반복되는 분노는 관계의 문제들로 이어질 수 있다. 원망은 결혼생활에서 친밀한 관계의 가능성마저 파괴할 수 있다. 부모에 대한 해결되지 않은 분노는 배우자를 향한 잘못된 분노를 품게 할 수 있다. 이것을 '전이'(transference)라고 하는데, 나는 마귀가 그렇게 했다고 생각한다. 마귀는 우리의 분노를 이용하여 관계를 엉망으로 만들기 좋아한다. 잘못된 대상을 향한 분노가 아니더라도, 좋은 관계에 필요한 감정적 에너지를 빼앗을 수도 있다. 왜냐하면 자신과 특별한 관계도 아닌 사람에게 원한을 품느라 모든 에너지를 다 써버리기 때문이다.

반복되는 분노는 영적으로도 매우 해롭다. 분노 가운데 죄를 짓지 말고 원망을 없애라고 한 에베소서에서 우리는 이런 경고를 듣는다.

하나님의 성령을 근심하게 하지 말라 엡 4:30

왜 성령께서 우리 마음속의 분노 때문에 근심하시는가? 우리 마음이 그분의 집이기 때문이다.

오늘 아침에 아내가 몹시 괴로워하며 내게 전화를 했다. 식료품 저장실에서 쥐똥을 발견한 게 틀림없었다. 쥐가 무서워서? 아니 오히려 쥐가 그녀를 무서워할 거라는 확신이 든다. 이 쥐들은 분명 자기들이 번지수를 잘못 찾았다는 걸 재빨리 깨달았을 것이다. 하지만《삶을 빛나게 하는 정리의 마법》같은 책을 취미로 읽는 사람에게 쥐똥은 큰 골칫거리가 아닐 수 없다. 내 아내가 당신의 식료품 저장실에서 쥐똥을 발견했다면 충격을 받지 않았을 것이다. 그녀는 자신의 식료품 저장실에 쥐똥이 있기 때문에 비탄에 빠진 - 전혀 지나친 단어가 아니다 - 것이었다.

성령은 당신의 마음속에 그의 집을 지으셨다. 성령은 우리의 성장을 돕기 위해 일하고 계신다. 우리의 삶 속에서 그분의 열매가 자라게 하기 위해 일하고 계신다. 우리 마음속에 어떤 성령의 열매가 자라기 원하시는지 잘 알 것이다.

오직 성령의 열매는 사랑과 희락과 화평과 오래 참음과 자비와 양선과 충성과 온유와 절제니 이같은 것을 금지할 법이 없느니라 갈 5:22,23

하지만 우리가 반복해서 화를 내면, 원망과 분노의 잡초가 자라나 우리의 삶 속에서 성령의 열매를 맺지 못하게 된다.

>>> 흘려버리기

언뜻 보기에 "그것을 모두 버리라는"(엡 4:31) 바울의 명령이 그다지 도움이 안 되는 것처럼 보인다는 것을 안다. 그것이 단지 버리는 문제였다면 오래 전에 해결했을 것이다. 나는 바울이 그것을 무시하거나 단순화하려 한다고 생각하지 않는다. 그보다는 이것이 선택의 문제임을 우리가 이해하기 원하는 것 같다.

우리는 분노를 억압하거나 반복할 수도 있고, 세 번째 선택을 할 수도 있다. 즉 분노를 흘려버릴 수도 있다. 우리는 다음 장에서 이것을 더 깊이 다룰 것이다. 그러나 분명히 말하지만 분노를 버리라는 말이 당신이 당한 일을 가볍게 여긴다는 뜻은 아니다. 죄의 심각성이나 당신의 극심한 고통을 가볍게 여기는 것도 아니다. "흘려버리라"(release it)고 말하는 것이 단순하게 들릴지 모르지만, 실제로 그것을 내려놓는 일은 매우 어렵다.* 아내가 내게 리모컨을 내려놓으라고 말할 때처럼 말이다. 그것은 내가 하기 싫은 것이 아니다. 물리적으로 할 수 없는 일이다. 사실 우리 자신의 힘으로는 불가능한 일일 수도 있다.

만일 지금 우리가 마주앉아 이런 대화를 나눈다면 어떤 이는 이를 악물고 나를 쳐다보며 내가 무슨 말을 하고 있는지 모른다고 말할 것이다. 내가 그 사람이 어떤 일들을 겪어왔는지 모르기 때문이다. "그것을 버리세요"라는 말이 분노를 다루는 일반적인 개념으로는 좋게 들리지만, 한 사람의 독특한 상황에 적용할 때는 그 사람의 경험을 지나치게 단순하고 비현실적인 것으로 묵살해버리기 쉽다.

그럼 성경에 나오는 사례를 살펴보자. 스데반이라는 사람의 이야기다. 그는 예수님을 반대하는 시대에 교회의 지도자였다. 사도행전 7장에서 스데반은 많은 사람들에게 예수님이 누구시며 그분이 그들을 위해 무엇을 하셨는지 말한다. 그에 대한 사람들의 반응은 이러했다.

그들이 큰 소리를 지르며 귀를 막고 일제히 그에게 달려들어 성 밖으로 내치고 돌로 칠새 증인들이 옷을 벗어 사울이라 하는 청년의 발 앞에 두니라 행 7:57,58

증오로 가득한 수많은 사람들이 당신에게 돌을 던지기 시작한다면, 당신이 죽음에 이를 때까지 계속해서 그러리라는 것을 알 때 당신이라면 어떻게 반응하겠는가? 스데반은 이렇게 했다.

그들이 돌로 스데반을 치니 스데반이 부르짖어 이르되 주 예수여 내 영혼을 받으시옵소서 하고 무릎을 꿇고 크게 불러 이르되 주여 이 죄를 그들에게 돌리지 마옵소서 이 말을 하고 자니라 행 7:59,60

스데반은 그를 죽이려 하는 자들에게 하나님께서 은혜와 용서를 베푸시기를 기도했다. 그가 그렇게 기도하는 법을 어디서 배웠을 거라고 생각하는가? 예수님도 십자가에 못 박히셨을 때 십자가 위에서 자기를 죽이려는 이들을 위해 이렇게 기도하셨다.

아버지 저들을 사하여 주옵소서 자기들이 하는 것을 알지 못함이니이다
눅 23:34

예수님은 그들에게 은혜와 용서를 베풀어달라고 기도하셨다.

이 모든 말씀을 읽으면서 나는 몇 가지 의문이 들었다.

첫째, 예수님이 돌아가실 때 스데반이 십자가에 가까이 있어서 그의 기도를 들었을까? 혹 요한이 스데반에게 예수님의 기도에 대해 말해주었을까 궁금하다.

둘째, 예수님과 스데반, 둘 다 스스로 용서를 베푸는 대신 하나님께서 그들을 용서해달라고 기도한 것인지 궁금하다. 궁극적으로 가장 중요하고 사람들에게 가장 필요한 것은 우리의 용서가 아니라 하나님의 용서이기 때문이다.

셋째, 혹시 예수님이, 특히 스데반이 그 순간에 자신은 용서할 수 없어서 하나님께 그들을 용서해달라고 기도한 것은 아닐까 궁금하다. 나는 용서가 단순하지 않다고 말했다. 그것은 어려운 일이다. 어쩌면 우리 힘으로 할 수 없는 일인지도 모른다. 자신을 죽이려고 달려드는 사람들에게 "나는 여러분을 용서합니다"라고 말할 수 있을 만한 은혜가 스데반에게도 없었을지 모른다. 그래서 대신 하나님께 용서해달라고 기도했을 것이다. 어쨌든 그들에게 정말 필요한 것은 하나님의 용서였다.

우리가 은혜 속에서 살 때 내려놓는다는 것은 포기를 의미하지 않는다. 그것은 하나님께 내어드리는 것을 뜻한다. "그것을 놓아주라"는 말은 나쁜 감정의 심연 속으로 그것을 던져 넣으라는 말이 아니다. 아무렇게나 마음대로 버리는 것이 아니다. 그것을 '하나님께' 내어드리는 것이다. 우리는 자신에게 일어난 일의 무거운 짐을 하나님께 드리기로 결심한다. 하나님이 상대방을 다루어주실 것을 믿기로 결심한다. 자신이 꼭 붙잡고 있던 지난날의 고통을 하나님의 손에 내려놓는다.

기도는 용서를 가능케 한다. 즉 불가능한 것을 가능하게 만든다. 예수님과 스데반은 살인자들을 똑바로 쳐다보면서 "당신을 용서합니다"라고 말하지 않았다. 하늘을 올려다보며 "하나님, 저들을 용서해주옵소서"라고 말했다. 당신이 용서하기가 어려웠다면 이것이 좋은 시작점이 될 것이다. 어쩌면 그 사람에게 가서 "당신을 용서합니다"라고 말하는 것이 아니라, 기도하는 가운데 당신이 할 수 없었던 일을 하나님께 해달라고 간구하는 것이 첫 걸음일 것이다.

페이스북 친구들에게 자신이 상처받은 이야기들을 나누어달라고 요청했다는 이야기를 했다. 나는 그들의 많은 사연에 감동을 받았다. 그 이야기를 읽으며 내가 나의 분노를 꼭 쥐고 하나님께 내어드리지 않았던 적이 얼마나 많았는지 깨닫고 겸손해졌다.

이 글이 당신도 이 일을 할 수 있다고 믿는 데 도움이 되길 바란다.

결혼한 지 거의 13년이 되었을 때 남편 회사 때문에 메릴랜드 주 볼티모어로 이사를 하게 되었어요. 그렇게 가족과 친구, 직장, 12년 넘게 다닌 교회를 떠났어요.

볼티모어에 도착했을 때 뭔가 달라졌다는 것을 깨달았어요. 이사한 지 5개월 만에 남편이 온라인으로 음란물을 보고 있다는 걸 알게 됐고, 그 문제가 심각한 중독 상태에 이르렀다는 것을 알게 됐어요. 저는 즉시 하나님께 기도했어요. 남편의 배신으로 인한 저의 분노와 상처가 주도권을 잡지 않게 해주시고 남편에게 할 말을 생각나게 해달라고 말이에요. 하지만 저에 대한 남편의 반응은 냉담하고 무심했어요. 그 후 몇 달 동안 알게 된 사실은 그것이 성적 거식증 환자나 성 중독자의 일반적인 반응이라는 것이었어요. 그에게는 문제가 없었기 때문에 문제는 저였지요.

저는 상담을 받으려 했고, 우리는 '기억할 주말'(Weekend to Remember)이라는 결혼생활 세미나에 참석했어요. 하지만 그의 마음은 더 굳어졌죠. 6개월 후 그는 저를 떠났고 이혼소송을 제기했어요. 제가 열심히 기도할수록 하나님은 저에게 더 깨진 남편의 모습을 보여주셨어요. 그의 상태를 이해할수록 그를 용서하기가 더 쉬워졌어요. "저는 그를 위해 모든 것을 포기했는데, 그는 저한테 관심도 없어요"라고 부르짖자 하나님은 저에게 이렇게 속삭이셨어요.

"네 기분이 어떤지 내가 정확히 안다."

남편은 저를 떠나기만 한 것이 아니라, 하나님에게서 도망치고 있었어요. 그 과정에서 저는 우리의 결혼생활보다도 남편의 구원을 더 중요하게 여기기 원하신다는 말씀을 들었고 그래서 그렇게 기도하기 시작했어요.

우리가 떨어져서 지낸 지 몇 달이 지난 후, 저는 남편의 또 다른 배신과 거짓말에 대해 알게 되었어요. 그래서 그와 직접 이야기하려고 전화를 걸었어요. 저는 하나님께서 이 대화를 인도해주시고, 제 말이 다른 무엇보다 하나님을 높이게 해달라고 기도했어요. 그리고 그와 맞서 싸우기보다는, 그가 저에게 한 일에 대해 그를 용서하고 있는 저 자신을 발견했어요. 저는 계속해서 하나님이 저의 전 남편을 놓지 않으시기를, 또 남편이 진심으로 자기 마음의 보좌에 예수님을 모실 날이 오기를 기도하고 있어요. 하나님의 은혜로 저는 원망과 분노에서 자유로워졌답니다.

당신은 이 간증이 그다지 인상적이지 않다고 여길지도 모른다. 사실 식상해 보이는 부분들도 있다. 나의 삶에 일어난 일이 아니더라도 아마 당신이 아는 누군가의 삶 가운데 있을 법한 일이기 때문이다. 또 결말이 특별히 감동적이지도 않았다. 그들이 재결합한 것도 아니다. 남편이 자신의 죄를 회개하거나 하나님과의 관계가 바르게 된 것도 아니다. 많은 면에서 그의 상황은 달라지지 않았다. 오히려 그녀에게 계속해서 더 큰 상처를 주었을 뿐이다. 그런데도 그녀는 원망과 분노에서 자유로워졌다고 느낀다.

이 여자의 이야기에서 내게 인상적이었던 것은 그녀가 이 짧은 글에서 부정한 남편을 위해 기도한다는 말을 다섯 번이나 했다는 것이다. 기도가 용서를 가능케 한 것이다.

그는 용서받을 만한 행동을 전혀 하지 않았고 애써 용서를 구하지도 않았지만 그녀는 용서하겠다고 말한다. 용서의 이 단계는 당신에게 상처 준 사람이 어떤 일을 하거나 어떤 말을 하느냐에 달려 있지 않다. 그것은 당신과 하나님 사이의 일이다. 당신이 그 고통을 하나님께 내어드리는 것이다.

이 여자가 남편 때문에 삶이 갈가리 찢어지는 고통 가운데 있을 때에도 그렇게 할 수 있었다면, 스데반이 원수들의 돌에 맞아 죽어가면서도 그렇게 할 수 있었다면, 예수님이 십자가에 못 박히실 때에도 그렇게 하실 수 있었다면, 당신도 그렇게 할 수 있다. 당신이 하나님께 구한다면 하나님께서 당신에게 필요한 은혜를 주실 것이다. 기도하며 당신의 분노와 원한을 하나님께 내어드려라. 기도는 당신의 원망과 분노의 감정을 배출하는 밸브이다.

나의 큰 보복보다
더 큰 승리의 은혜

>>>

    당신이 사역을 한다면 어떤 사람들은 당신을 전혀 좋아하지 않을 것이다. 사람들이 너무 없애고 싶어서 결국 십자가에 못 박은 사람을 당신이 계속 이야기해서 곤란에 처할 수 있다는 걸 누가 알았겠는가? 신학교에서도 말해주지 않았고 교회의 직무 해설서에도 나와 있지 않지만, 그것은 사실이다.

    나는 격려의 말도 많이 듣고 그것에 감사하지만, 나를 증오하는 메일도 많이 받았다. 몇 년 전에는 특별히 아주 심한 메일을 받기도 했다. 다른 주에서 내 설교를 온라인으로 듣던 사람이 보낸 것인데, 혹독한 비판을 넘어 그저 혐오로 가득 찬 글이었다. 솔직히 너무 극단적이라 나는 약간 재미있다는 생각도 들었다. 일생의 대부분을 사역자로 사셨던 내 아버지도 그걸 보면 웃으시고 또 내가 균형 잡힌 시각을 갖도록 도와주실 것 같아 그것을 아버지께 보내드렸다.

    약 10분 뒤에 아버지께서 답장을 보내셨다. 사실은 이메일을 하나 전달하셨는데, 그것은 내게 혐오 메일을 쓴 그 사람에게 아버지가 보낸 답장이었다. 세상에서 가장 부드럽고 온유한 우리 아버지가 나를 변호하시려고 강경한 말로 이메일을 써서 그 사람에게 보내신 것이다.

내가 그렇게 해달라고 부탁하지도 않았는데, 아버지는 나를 옹호해주셨다.

나는 아버지가 그 사람에게 보낸 이메일을 읽으면서 약간 쑥스러웠다. 성인으로서 나는 군이 아버지가 운동장으로 와서 나를 괴롭히는 아이에게 뭐라고 해주기를 원치 않았다. 하지만 지나고 나서 보니, 아버지가 재빨리 나를 변호하고 나를 보호해주기 원하셨을 거라고 예상했어야 했다. 그것이 자식을 사랑하는 아버지들이 하는 일이다.

>>> 하지만 그것이 개인적인 것이라면?

지금 생각해보면, 사실 나는 그 증오에 찬 이메일 때문에 기분이 나쁘지는 않았다. 그 글을 쓴 사람을 몰랐기 때문이다. 그 사람과 아무 관계가 없었기 때문에 마음이 아프지도 않았고, 그 사람을 용서하기도 쉬웠다.

하지만 친분이 있었다면 어땠을까? 누군가가 의도적으로 당신을 해치려 할 때, 그 사람이 당신이 아는 사람이고, 믿고 의지하는 사람이고, 사랑하는 사람이라면 당신은 어떻게 하겠는가?

좀 더 구체적으로 생각해보자. 당신은 어떻게 용서하겠는가?

• 당신이 알던 누군가가 당신의 삶을 비참하게 만들려고 했다면?
• 못된 이웃이 당신의 가정생활을 악몽으로 만들었다면?
• 어머니가 끊임없이 당신에게 소리를 지르고 당신을 무시했다면?
• 당신의 아버지가 당신을 완전히 무시하는 것 같아 보인다면?

- 친구가 당신을 배신했다면?
- 직장 동료가 모질고 교활하게 행동한다면?
- 배우자가 바람을 폈다면?
- 친척이 당신을 학대했다면?

당연히 당신은 상처를 받고 화가 날 것이다. 하지만 성경에서 바울은 우리에게 이렇게 말한다.

분을 내어도 죄를 짓지 말며 해가 지도록 분을 품지 말고 엡 4:26

화가 나는 것은 자연스럽고, 때로는 적절하기도 하다. 하지만 분노가 원망으로 변하면, 그것은 독이 된다. 우리는 그것을 제거해야 한다. 해가 지고 나면 그런 감정들이 당신의 일부가 될 수 있다. 당신이 당한 일이 당신의 정체성을 형성하기 시작한다. 당신에게 한 말들이 당신을 규정하기 시작한다. 당신이 과거에 한 일 때문이 아니라 누군가가 당신에게 한 행동 때문에 자신이 포로로 잡혀 있는 것을 발견할 수 있다.

따라서 분노와 원망을 없애라는 바울의 명령에 동의하는 것은, 적어도 머리로는 그렇게 어려운 일이 아니다. 당연히 그것은 옳은 결정이다. 암 진단을 받았다면, 당신은 의사에게 "암을 제거해주세요!"라고 말할 것이다. 당신이 은혜 베풀기를 거절한다면, 원망의 종양이 변형되고 증식할 것이다. 분노가 삶의 모든 영역으로 전이되는 것은 시간문제다.

앞 장에서 우리의 분노와 원망을 어떻게 제거해야 하는지 이야기했다. 그것은 용서하는 과정의 한 부분이지만, 용서는 더 멀리 나아가야 한다. 그것은 그저 당신의 감정을 다루는 것만이 아니라, 구체적으로 어떤 사람을 용서하는 것이다. 당신을 아프게 하는 감정들을 내려놓는 것과 당신에게 상처 준 사람을 놓아주는 것은 다른 문제다. 지금 마음속에 떠오르는 이름과 얼굴이 있는가?

이 말을 기억하라. 은혜는 흘러간다. 그것이 은혜의 속성이고, 흐르지 않는다면 은혜가 아니다. 하나님의 은혜를 혼자만 간직하고 다른 사람에게 나누기를 거부할 수 없다. 하지만 실제로 어떻게 은혜를 나누는가? 여기서부터 어디로 가는가? 실제로 어떻게 다른 사람을 용서하는가?

나는 이 대답들이 순진하게 들릴 위험이 있다는 걸 알고 있다. 당신은 그것들이 너무 단순하다고 무시해버리고 싶을지도 모른다. 하지만 단순한 것과 쉬운 것을 혼동하지 말라. 앞으로 이 은혜의 여정에서 쉬운 단계는 없다.

>>> 그것을 인정하라

바울이 분노를 버리고 용서와 은혜를 베푸는 것에 대해 이야기하니까 당신은 바울이 실제로 이것을 실천해야 할 일이 있었는지 궁금할지도 모르겠다. 실제로 누군가를 용서해야 할 일이 없었다면, 용서에 관하여 경건하게 들리는 상투적인 말을 해주기는 쉽다. 어쩌면 바울이 그랬을지도 모른다. 그 일을 실행할 필요가 없었기 때문에 자기가 무엇을 말하고 있는지 몰랐을 수도 있다. 그런 사람을 진지하게 받아들이기는 어렵다.

하지만 그렇지 않다. 의도적으로 바울을 해치려 하는 사람들이 있었다. 바울은 가끔씩 오는 매몰찬 이메일보다 더 심한 것을 받는 입장이었다. 그를 힘들게 하는 사람들이 많이 있었지만, 특별히 두 사람을 지적하고 싶다.

바울이 성경에 쓴 책들 중 일부는 교회들을 향해 쓴 글이다. 예를 들면, 앞에서 바울이 에베소(현대의 터키) 도시에 있는 교회에 쓴 편지를 살펴보았는데 그것이 에베소서다. 신약성경에는 바울이 특정 교회 지도자들에게 쓴 다른 책들도 있다.

바울이 교회에 쓴 편지와 그 교회 지도자에게 쓴 편지를 서로 맞추어 보는 것도 종종 도움이 된다. 디모데전후서는 바울이 에베소 교회의 지도자였던 디모데에게 쓴 편지다.

디모데후서에서 바울은 그에게 해를 입혔던 알렉산더라는 사람에 대해 말한다. 자세히 말하지는 않지만, 간단하게 "구리 세공업자 알렉산더가 내게 해를 많이 입혔으매"라고 했다(딤후 4:14). 다른 번역본에는 "그가 나를 몹시 괴롭혔다"고 되어 있다.

바울이 자기가 당한 모든 일들을 이야기하고 불평하는 데 열중하지 않지만, 여기서 우리는 상처받았다는 것을 인정해야 한다는 것을 배우게 된다. 때때로 우리는 아무 일도 없는 것처럼 행동하며 상처를 숨기려고 하는데, 그러면 아무 소용이 없다. 인정하지 않으면 용서할 수 없기 때문이다.

일단 내가 당한 일을 인정하면, 본능적으로 뭔가 앙갚음을 하려 들게 된다. 나는 복수해야 한다. 나는 보복할 권리가 있다. 응징할 권리가 있다. 손해를 인정했으니 이제 수금을 하겠다는 것이다. 그것이 어떤 사람이 가한 상처를 극복하는 다음 단계처럼 보인다.

알렉산더가 큰 해를 끼쳤다는 것을 인정한 후에 바울은 계속해서 "주께서 그 행한 대로 그에게 갚으시리니"라고 말한다(딤후 4:14).

바울은 자기가 받은 상처를 축소하는 게 아니고, 다만 자기가 보복할 권리를 포기하는 것이다. 그는 보복할 권리를 포기하는 서류에 서명하고 있다. 이것은 분노의 감정을 버리는 것과 다르며, 죄 지은 사람을 하나님께 넘겨드리는 것이다.

우리 안에는 이런 생각이 있다.

'내가 받은 만큼 갚아주면 용서할 거야. 내가 느낀 걸 그들도 똑같이 느끼게 하면 그들을 용서할 수 있어.'

하지만 그것은 용서가 아니라 보복이다. 성경은 로마서 12장 19절에서 이렇게 말한다.

> 너희가 친히 원수를 갚지 말고 하나님의 진노하심에 맡기라 기록되었으되 원수 갚는 것이 내게 있으니 내가 갚으리라고 주께서 말씀하시니라
>
> 롬 12:19

정의는 하나님의 일이다. 보복할 권리를 주장하는 것은 자신을 하나님의 자리에 두는 것이다. "하나님, 저는 하나님이 이 문제를 해결하

실 수 있다고 생각하지 않습니다. 하나님이 저를 보살펴주신다고 믿지 않습니다. 그래서 이 상황을 저 스스로 처리할 것입니다."라고 말하는 것이다.

로마서 12장의 그 구절을 읽으면 나에게 중오에 찬 이메일을 보낸 사람에게 우리 아버지가 보인 반응이 떠오른다. 어떤 의미에서 나는 그 비판자의 이메일을 내 아버지께 전달하면서 아버지의 진노하심에 맡긴 것이다. 아버지는 그것을 읽고 "원수 갚는 것이 내게 있으니 내가 갚으리라"고 말씀하셨다. 나는 아버지가 그렇게 하기를 원하지 않았지만, 자식을 사랑하는 아버지로서는 그렇게 하지 않을 수가 없었던 것이다.

앞 장에서 마치 DVR에 녹화해둔 영화처럼 우리가 당한 일들을 계속 돌려 볼 수 있다는 이야기를 했다. 문제는 반복해서 볼 때마다 우리가 겪은 일의 무게가 점점 더 무거워진다는 것이다. 그러다가 결단해야 할 시점이 온다.

"이 짐은 제가 짊어지기에 너무 무겁습니다. 그 사람이 제게 한 짓이 계속 저를 짓누르게 하지 않겠습니다. 하나님, 그것을 하나님께 맡길 게요."

우리가 받은 고통뿐만 아니라 우리를 그렇게 만든 그 사람까지 하나님께 맡기는 것이다.

바울이 왜 자기에게 해를 끼친 이 사람에 대한 얘기를 디모데에게 하고 있는지 알아차렸기를 바란다. 바울은 다음 구절에서 이렇게 말한다.

너도 그를 주의하라 그가 우리 말을 심히 대적하였느니라 딤후 4:15

바울은 자신의 권리를 포기했지만, 디모데를 보호하려 했다. 그는 알렉산더를 용서했을지 모르지만, 믿지는 않는다. 용서와 신뢰가 반드시 일치하지는 않는다.

당신이 보복할 권리를 포기한다고 해서 그 사람이 책임질 필요가 없다는 뜻은 아니다. 당신에게 죄를 지었을 때 당신이 그 죄를 신고하지 않는다거나, 그 사람이 법적 책임을 질 필요가 없다는 뜻이 아니다. 또한 더 나아가 마치 아무 일도 없었던 것처럼 그 사람을 신뢰한다는 뜻도 아니다.

당신은 현명한 경계선을 그으며 미래로 나아가야 할 것이다. 바울은 자기에게 있었던 일을 인정하고 그것을 하나님께 맡기지만, 앞으로 해를 당하지 않도록 적절한 경계선을 정한다. 우리도 그래야 할 필요가 있다.

>>> 원수들을 위해 기도하라
바울은 계속해서, 상처 받았던 다른 경험들을 이야기한다.

내가 처음 변명할 때에 나와 함께한 자가 하나도 없고 다 나를 버렸으나

딤후 4:16

역시나 바울은 자기가 당한 일을 인정한다. 여기서 그는 로마 법정

앞에 서야만 했던 재판을 이야기하는 것 같다. 로마 황제 네로는 교회를 파멸시키고 기독교를 없애기 위해 자기가 할 수 있는 일을 다 하고 있었다. 바울은 그야말로 생명이 위태로웠던 재판에 대해 말하고 있다.

곤경에 처한 그 순간에 아무도 나타나지 않았다. 그는 사람들을 사랑하고 섬기며 그들을 위해 자신의 삶을 쏟아부었는데, 아무도 그를 지지해주러 오지 않았던 것이다.

어쩌면 당신도 그게 어떤 기분인지 알 것이다. 믿었던 사람에게 실망하는 고통이 어떤 것인지를. 어떤 사람에게 당신의 마음을 주었는데 그가 그 마음을 산산조각내어 돌려준 것이다. 이것은 믿는 사람에게 받는 것이기 때문에 또 다른 종류의 상처다.

바울이 구리세공업자 알렉산더와 특별히 가깝게 지냈던 것 같지는 않다.* 내가 그렇게 추측하는 이유 중 하나는 바울이 알렉산더의 직업과 이름을 같이 말하기 때문이다. 나는 친한 친구들을 언급할 때 그렇게 말하지 않는다. 내 아내에게 "여보, 보험설계사 나단과 2학년 교사 에이미와 이야기를 나누었고, 메모리얼 데이에 그들을 초대했어"라고 말한 적이 없다. 하지만 그의 재판 때 나타나지 않은 사람들은 그와 친하게 지내며 마음을 썼던 친구들이었다. 친밀한 관계일수록 상처가 더 클 수 있다.

이 책을 준비하면서 내 페이스북 친구들에게 자기에게 해를 끼친 사람을 용서했던 이야기를 나누어달라고 요청했다고 말했다. 믿었던 사람에게 배신당한 사람들의 이야기가 너무나 많았지만, 다른 이야기가 하나 있었다. 그것은 배신당한 사람이 아니라, 바로 배신을 한 사람의 이야기였다. 그녀의 이야기를 들어보자.

저는 교회에서 성장했어요. 도덕적인 사람으로서, 또 그리스도를 따르는 자로서 제가 어떻게 해야 하는지 알고 있었어요. 공원에서 빌을 만났고, 우리의 관계는 곧 우정에서 훨씬 더 깊은 관계로 발전했어요. 우리의 이기적인 욕망이 더 해로웠던 이유는 그가 유부남이기 때문이었죠. 우리는 지조를 지키고 관계를 끝내려 했지만, 이기심을 이길 수 없었어요. 그리고 우리의 비밀이 드러나게 되었어요. 제가 임신을 했거든요. 제 손에 든 임신 테스트기가 저의 죄를 깨우쳐주었어요. 저는 그를 사랑했지만, 그 지역을 떠나 더는 그의 삶을 망가뜨리지 않겠다고 했어요.

우리의 상황에서 제가 더 비난받을 만하다고 느꼈던 건, 고의로 하나님의 음성을 무시했기 때문이에요. 그 사람은 아내를 배신한 사실을 밝히고 이혼을 요구하기로 했어요. 그 부부는 8년 동안 함께 살아왔고 자식은 없어요.

빌의 아내는 리사였다. 남편이 외도했다는 걸 알고 그녀가 얼마나 충격을 받았을지 상상이 가는가? 그뿐 아니라 이 다른 여자는 그의 아이를 임신했고, 무엇보다도 자기 남편이 이혼을 원했다. 상상할 수 있겠는가? 슬프게도, 우리 중 어떤 사람들은 굳이 그것을 상상할 필요가 없다.

바울은 배신당한 감정을 말하고 있다. 그는 그 사람들을 사랑했고 그들에게 헌신했지만, 그들은 모두 바울을 저버렸다. 바울의 심정은 어떠했겠는가? 그는 그들에게 허물을 돌리지 않기를 원했다.

내가 처음 변명할 때에 나와 함께 한 자가 하나도 없고 다 나를 버렸으

나 그들에게 허물을 돌리지 않기를 원하노라 딤후 4:16

실제로 바울은 보복할 권리를 포기할 뿐만 아니라, 그들이 그 죄 때문에 비난받지 않길 바라며 그들을 위해 기도한다. 그것은 사도행전 7장에서 본 스데반의 기도, 십자가에 달리신 예수님의 기도와 같은 것이다. 예수님이 누가복음 6장 27,28절에서 우리에게 가르치신 것이다.

너희 원수를 사랑하며 너희를 미워하는 자를 선대하며 너희를 저주하는 자를 위하여 축복하며 너희를 모욕하는 자를 위하여 기도하라 눅 6:27,28

어쩌면 당신은 이 구절을 읽는 순간 당신을 모욕했던 사람의 이름과 얼굴이 떠오르면서 그것이 불가능하게 들릴 것이다. "잠깐, 저에게 상처 준 사람을 위해 제가 기도해야 한다는 말입니까?" 그렇다. 사실 이것이 다른 무엇보다 더 당신을 용서와 은혜의 길로 인도할 것이다.

1960년, 루비 브리지스(Ruby Bridges)는 흑인 최초로 백인들만 다니는 학교에 다니게 되었다. 여섯 살 소녀 루비는 흑백통합교육을 하는 두 군데의 초등학교에 입학할 신입생 4명 중 하나로 선발되었다. 그런데 불행히도 혼자서 루이지애나주의 윌리엄 프란츠 초등학교로 가게 되었다.

처음 등교하는 날 몇백 명의 시위자들이 밖에 모였다. 그녀는 어떤 사람이 관 속에 흑인 인형을 넣고 가는 걸 보았다. 사람들은 루비에게 침을 뱉고 욕을 했으며, 그녀는 생명의 위협을 받았다.

루비는 이 고통을 감당할 수 있게 도와줄 의사 로버트 콜스(Robert

Coles)를 찾아갔다. 그는 루비가 모든 상황에 너무 잘 대처하고 있는 것이 이해되지 않았다. 왜 그녀가 화를 내거나 슬퍼하거나 우울해 하지 않는지 이해할 수가 없었다.

어느 날 아침 루비의 선생님은 루비가 자신에게 저주를 퍼붓는 성난 군중 앞에 멈춰 서는 것과, 루비의 입술이 움직이는 걸 보았다. 그녀는 콜스 박사에게 그 이야기를 했고, 그는 나중에 루비를 다시 만났을 때 그 무리에게 무슨 말을 했는지 물었다. 그러자 루비는 이렇게 말했다.

"그 사람들한테 말한 게 아니고요, 그 사람들을 위해 기도하고 있었어요."

훗날 루비는 자신의 회고록 《나의 눈을 통해》(Through My Eyes)에 이렇게 기록했다.

"우리 어머니와 목사님은 항상 이렇게 말씀하셨다. '네 원수들과 너를 괴롭히는 사람들을 위해 기도해야 한다.' 그래서 나는 그렇게 했다."[1]

콜스 박사는 루비의 부모님이 글을 읽거나 쓰지 못했지만 예수님의 말씀대로 행하도록 그녀를 가르쳤다는 사실을 언급했다. 예수님이 원수를 위해 기도하라고 하셔서 그녀는 그렇게 행했고, 그 덕분에 모든 원망과 분노를 버릴 수 있었다.

우리는 예수님의 말씀대로 행해야 한다. 우리가 용서하고 은혜를 흘려보내려면 우리의 원수들을 위해 기도해야 한다. 당신은 예수님이 말씀하신 대로 행하는 것을 생각도 해보지 않았을 수도 있지만, 그것은 또한 예수님이 당신을 위해 하신 일이라는 것을 기억하기 바란다. 예수님은 자신을 십자가에 못 박은 사람들을 위해 기도하셨다.

>>> 그를 의지하라

바울은 자기가 얼마나 부당한 대우를 받았는지, 하지만 또한 하나님
께서 어떻게 필요한 힘을 주셨는지 디모데에게 간략히 이야기한다.

> 주께서 내 곁에 서서 나에게 힘을 주심은 나로 말미암아 선포된 말씀이
> 온전히 전파되어 모든 이방인이 듣게 하심이니 내가 사자의 입에서
> 건짐을 받았느니라 주께서 나를 모든 악한 일에서 건져내시고 또 그의 천
> 국에 들어가도록 구원하시리니 그에게 영광이 세세무궁토록 있을지어다
> 아멘 딤후 4:17,18

당신은 어떻게 용서하는가? 당신은 용서하기로 선택하고, 원수를 위
해 기도한다. 하나님이 당신 곁에 계시며 그분이 최종 결정을 내리시리
라는 것을 인정하는 것이 가장 중요할 것이다.

바울은 자기가 의지하던 사람들이 자신을 저버렸다는 걸 인정하고
이렇게 말한다.

> 주께서 내 곁에 서서 나에게 힘을 주심은… 딤후 4:17

어떤 사람들은 바울이 무엇을 표현하고 있는지 이해할 것이다. 살면
서, 당신이 마음을 준 사람들이 다 곁에 없는 것 같지만 바로 그때 하
나님의 임재가 가장 가까이 느껴졌던 적이 있을 것이다. 당신이 배신당
하고 버림받았다는 느낌이 가장 강하게 들 때 하나님이 바로 당신 곁
에 계시며 당신은 그에게 기댈 수 있다는 것을 알게 되었을 것이다.

바울은 이제 자신이 받은 상처를 돌아보면서, 하나님이 자기와 함께하셨을 뿐만 아니라 자기를 사용하여 복음을 전하셨음을 알게 되었다. 하나님은 바울에게 일어난 나쁜 일들에서 좋은 것을 이끌어내신다. 사람들이 악한 의도로 한 일도 하나님이 선한 일에 사용하실 수 있다는 확신을 가질 수 있을 때 용서하기가 더 쉬워진다.

그러고 보니 나는 리사에 대해 이야기하고 있었다. 그녀의 남편은 자기가 바람을 피우고 있고 이혼하고 싶으며 상대 여성은 임신 중이라고 말했다.

나는 그녀가 얼마나 충격을 받았을지 상상할 수 있겠냐고 당신에게 물었다. 여기, 또 다른 질문이 있다. 사람들은 그와 같은 일에 어떻게 반응할까? 리사의 반응은 다음과 같았다(이것은 '그 남편의 다른 여자'가 한 말임을 기억하라).

빌이 리사에게 우리의 관계와 임신에 대해, 본질적으로 그녀가 아는 한 그녀의 삶이 끝났다고 이야기했을 때 그녀는 확실히 엄청난 충격을 받았어요. 자기 삶이 무너지는 것을 보고서 그녀가 어떻게 했는지 아세요? 나한테 전화를 걸어, 자기는 나를 미워하지 않는다고 말했어요. 물론 조만간 힘든 시기를 겪을 테지만, 결국은 어떻게든 우리 모두가 가족이 될 수 있도록 기도하겠다고 했어요. 나중에 그녀는 자기가 아기에게 리사 이모가 될 수 있겠냐고 물었어요.

난 이해할 수 없었어요. 몇 년이 지난 지금도, 여전히 이해할 수 없어요. 어떻게? 대체 누가 그런 힘을 가진 거죠? 누가 그런 은혜를 가진 거죠? 그녀는 절대 그런 대우를 받을 사람이 아니었고 당연히 우리에게 분노할

만했는데도, 우리 아들이 태어난 후 우정과 참된 사랑을 아낌없이 베풀어 주었어요.

빌은 아직 예수님을 몰라요. 하지만 리사와 난 그를 위해 함께 기도하기 시작했어요. 그가 모든 상황을 통해 예수님의 사랑과 은혜를 알게 해달라고 기도했어요.

그녀의 은혜는 매일 나를 겸손하게 만들어요. 어떠한 말로도 그녀의 용서를 표현할 수가 없어요. 그것을 표현할 유일한 단어는 예수님일 거예요. 그녀의 힘, 그녀의 자비, 그녀의 은혜는 예수님이 주시는 것을 조금씩 암시할 뿐이에요.

리사를 배신한 이 여자의 말이 옳다. 그런 힘과 은혜를 가진 사람은 아무도 없다. 그것은 리사에게서 나온 것이 아니었다. 예수님으로부터 리사에게로 간 것이며, 리사는 그것을 흘려보냈을 뿐이다.

당신이 상처받았거나, 배신당했거나, 버림받았거나, 학대를 받았다면, 하나님이 당신 곁에 계시며 당신에게 은혜를 베푸신다. 그 은혜는 당신이 행한 그 어떤 일보다 더 크고, 당신에게 일어난 그 어떤 일보다 더 크다.

>>> 사랑하는 아버지

하나님은 당신에게 아무도 없을 때 기댈 수 있는 사랑의 아버지이시다. 어떤 일을 겪고 있든 간에, 당신은 그 일을 혼자 겪을 필요가 없다.

이 장을 마치기 전에, 나에게 증오에 찬 이메일을 보낸 사람에게 우리 아버지가 이메일을 보내며 나를 변호해주신 이야기의 결말을 말해야겠다. 이 사람에게 보낸 이메일을 나에게 전달해주신 지 몇 시간 후, 아버지는 또 다른 이메일을 내게 보내셨다. 아버지는 내 허락도 없이 나를 대변하신 것이 찜찜하게 느껴져서, 혹시 아버지로서 다 큰 아들에게 도를 넘은 행동을 했다면 사과하고 싶다고 하셨다.

다음은 아버지가 쓴 글이다.

사랑하는 카일

너에게 그 이메일을 보낸 사람에게 내가 답장을 보낸 것을 사과하고 싶었다. 네가 나한테 그 이메일을 보여줬을 때 그런 것을 원한 게 아니라는 걸 안다. 내가 꼭 답장을 보내야겠다고 느낀 것은 그 사람이 너에게 주려고 했던 그 상처를 내가 느꼈기 때문일 것이다. 드물지만 이런 비판이 내게 향했을 때는 인내심과 유머 감각으로 훨씬 잘 대처하는데, 내 아들이 비난을 받으니 곧 전선으로 뛰어들지 않을 수가 없더구나. 아들아, 난 너의 지금 모습을 사랑한다. 변하지 말아라. 계속 성장해가라. 나는 더 이상 대응하지 않을 것이고, 너도 이것을 잊어버리길 바란다.

사랑을 담아, 아버지가

우리 아버지는 내 편이시다. 누가 나에게 덤벼들면 바로 알아채고, 내가 원하든 원치 않든, 내가 당황하든 말든 간에, 그 사람을 처리해야만 할 것이다. 아버지가 누구 편을 들지는 조금도 의심할 여지가 없다. 그는 항상 나를 위하시며, 내 편을 들어주신다.

당신에게 그와 같은 육신의 아버지가 있는지는 모르지만, 하늘 아버지가 계시다는 건 안다. 그분이 당신의 상처를 다루시게 하라. 그 사람을 하나님께 맡기고 하나님이 그를 다루어주실 것을 신뢰하라. 그분을 의지하라. 그분이 당신을 지켜주신다.

나의 죄악
수치 후회 상처
원망 복수 분노
화해 용서 자랑

07

나의 큰 분노보다
더 큰 화해의 은혜

> > >

    엘리자베스와 프랭크의 아들 테드 모리스는 열여덟 살 먹은 대학생이었다. 그는 크리스마스를 맞아 집에 와 있었고, 얼마간 돈을 벌기 위해 일을 하고 있었다. 엘리자베스는 밤이 늦었는데 진작 일을 마치고 집에 와야 할 아들이 돌아오지 않아 걱정이 되었다. 그때 전화벨이 울렸다. 전화를 받은 엘리자베스는 어떤 어머니도 듣고 싶어 하지 않는 소식을 들었다. 테드가 운전하며 집에 오는 길에 맞은편에서 오던 차가 중앙선을 넘어 정면으로 부딪쳤다는 것이다.

    사고를 낸 타미 피아제는 파티에 갔다가 술에 취한 상태였고, 친구들이 운전하지 말라고 말렸지만 듣지 않았다. 그는 운전하다가 의식을 잃어, 맞은편에서 테드 모리스의 차가 오는 것을 보지도 못했다. 타미의 혈중알코올농도는 법적 제한 수치의 3배 정도였다.

    테드는 다음 날 아침에 사망했다. 재판은 약 한 달 후에 열렸다. 모리스 부부는 타미가 무죄를 주장하자 격분했다. 재판은 여러 번 지연되다가, 거의 2년 뒤에 타미가 양형 거래를 하여 끝났다. 타미는 집행유예로 나와서 이제 자유인이 되었고, 엘리자베스는 그를 죽여 보복하는 상상을 하기 시작했다.[1]

>>> 들이쉬기, 내쉬기

정말로 은혜가 더 큰가?

당신의 아들을 죽인 음주 운전자가 초래한 고통보다 은혜가 더 큰가?

그것이 성경이 말하는 것이고, 또 지금 우리가 말하는 것이다. 하나님의 조건 없는 사랑은 변화시키는 힘이 있다. 그래서 우리가 은혜를 경험하고 나면, 최악의 원수라도 용서하게 된다.

혼란이 있을지 모르니, 우리가 말하는 바가 아닌 것을 짚어보겠다.

- 과거에 일어난 일이 별일 아니라거나 치유가 즉시 이루어질 것이라는 말이 아니다.
- 누군가가 당신에게 한 짓을 당신이 양해해주어야 한다는 말이 아니다.
- 학대를 참고 견뎌야 한다는 말이 아니다.
- 범죄가 일어났더라도 고발하지 말아야 한다는 말이 아니다.
- 당신이 더는 힘들지 않을 것이라는 말이 아니다.
- 당신이 마법처럼 과거의 일을 싹 잊어버릴 수 있을 것이라는 말도 아니다.
- 당신에게 해를 끼친 사람을 무턱대고 믿어야 한다는 이야기도 아니다.

우리가 말하는 것, 사실 성경이 말하는 것은 우리가 원망과 분노, 화를 없앨 수 있다는 것이다. 예수님을 통해 우리에게 흘러오는 은혜가 우리에게서 다른 사람들에게로 흘러갈 수 있다. 우리는 용서하지 않는 마음의 감옥에서 해방될 수 있다. 에베소서 4장 32절을 읽어보자.

서로 친절하게 하며 불쌍히 여기며 서로 용서하기를 하나님이 그리스도 안에서 너희를 용서하심과 같이 하라 엡 4:32

하나님이 우리를 용서하신 것처럼 우리도 용서해야 한다. 하나님께 용서를 받은 것이 우리가 다른 사람을 용서할 동기가 되고, 우리에게 용서할 권한을 주며, 또한 우리가 용서할 때 그 본보기가 된다. 우리가 하나님의 은혜를 받았다면, 그 은혜가 우리의 삶으로부터 자유롭게 흘러가도록 해야 한다.

최근에 내슈빌에 사는 목회자 친구 피트 윌슨의 교회를 방문했다. 그는 우리가 예수님의 사랑과 은혜를 어떻게 다른 사람들에게 나누어 줄 수 있는지 설교하면서 이런 식으로 설명했다.

"여러분이 들이마시는 것을 내쉬게 될 것입니다."

당신이 의도적으로 하나님의 은혜와 용서를 들이마신다면 당신의 관계 속에서 그것을 내쉬게 될 것이다. 하지만 당신이 분노와 노여움을 들이마시고 있다면 당신의 관계 속에서도 그것을 내쉬게 될 것이다.

비행기를 타면 이륙할 때 승무원이 산소마스크를 사용하는 시범을 보여준다. 마스크를 당신 쪽으로 세게 잡아당겨 입을 가리라고 말한다. 봉투가 부풀지 않더라도 산소가 여전히 흐르고 있다고 말한다.* 나는 그 말을 믿지 않는다. 그러나 그 말이 내 옆에 있는 예민한 여성이 공포에 빠지지 않게 해준다면 계속 그렇게 말해도 괜찮다. 그다음에 가장 어려운 부분이 나온다. 만약 아이와 함께 여행 중이라면 당신이 먼저 마스크를 쓴 다음에 아이가 마스크를 쓰도록 도와주라는 것이다. 아버지로서, 만약 내 자녀가 숨을 쉴 수 없다면 나는 나 자신을 챙기기 전에 그 아이들부터 도와

주고 싶을 것이다. 그것이 부모의 본능이다. 그러나 쉽지는 않지만 내가 먼저 숨을 쉬게 하는 것이 필요한 일이라는 걸 안다. 내가 숨을 못쉬면 아이에게 어떤 도움도 줄 수 없기 때문이다.

생명을 주는 하나님의 은혜와 용서와 평안과 기쁨의 산소를 들이마시는 일도 마찬가지다. 당신은 그것을 자녀들에게 주고 싶어 하며, 당신이 보살피는 사람들이 들이마시기를 바란다. 하지만 당신이 먼저 그것을 들이마시지 않는다면 그렇게 도와줄 수 없을 것이다.

우리 자신이 하나님의 은혜를 들이마시고 있는지 확인하고, 의도적으로 들이마시도록 해야 한다. 만일 당신이 분노와 원통함과 싸우고 있다면, 매일 이 이미지를 생각해보도록 권면해도 되겠는가? 당신이 먼저 하나님의 은혜의 산소를 들이마셔야 당신의 주변 사람들도 들이마시게 할 수 있을 것이다.

당신이 하나님의 은혜를 들이마실 때, 하나님은 당신이 다른 사람들을 어떻게 용서하기를 원하시는지 가르쳐주실 것이다. 이 장에서 우리가 이야기할 은혜와 용서의 수준이 지금은 불가능해 보이겠지만, 하나님의 은혜가 당신에게 더 많이 흘러가면 더 많은 은혜가 당신에게서 흘러나올 것이다.

>>> 용서의 1단계

용서를 세 단계로 생각해보자. 그 첫 단계는 억울함과 분노와 노여움을 버리는 것이다. 당신의 벽장을 청소하고, 더 이상 과거에 누군가가한 말이나 행동 때문에 분노와 반감을 품고 살지 않겠다고 결심하는 것이다.

그 모든 감정이 사라질 거라는 뜻은 아니다. 전혀 그렇지 않다. 다만 그런 감정들이 밀려올 때 그것을 몸에 두르지 않을 거라는 뜻이다. 당신은 그 감정들을 버릴 것이다.

1단계 용서의 문제는 전혀 당신이 누군가를 용서하는 것처럼 느껴지지 않을 거라는 데 있다. 어쩌면 당신은 앞의 몇 장을 읽으면서 다르게 느끼려고 노력했을지도 모른다. 당신 자신에게 이렇게 말했을 것이다. '나는 용서하기 원한다. 원망과 증오를 버리고 싶지만, 내가 느끼는 건 억울함과 미움이다. 내가 억울하고 미운 감정을 느끼지 않을 때 용서할 수 있다.'

자, 만일 당신이 용서하고 싶은 마음이 들 때까지 용서하지 않고 기다린다면 한참이 걸릴 수도 있다. 당신이 분노와 억울함을 느끼지 않을 때까지 기다린다면, 음, 부디 행운을 빈다.

그런 감정들을 없애는 데에는 우리 생각보다 훨씬 더 큰 순종이 필요하다. 그런 감정들 중 하나가 끓어올라 표면으로 드러나면 우리는 그것을 가만히 놔두고 찬찬히 살펴본 후에 그것을 버릴지 결정해야 한다. 1단계의 용서는 지난 일을 계속 생각하며 상처를 되살리는 대신, 그 고통을 하나님께 내어드리는 것이다. 우리가 당한 일들을 떠올리지 말고, 우리를 위해 행해진 일들에 초점을 두기로 결정하는 것이다.

>>> 용서의 2단계

용서의 두 번째 단계도 우리가 이야기했던 것인데, 상처를 놓아준다기보다는 당신에게 상처를 준 그 사람을 놓아주는 것이다. 그것은 빚을 탕감해주기로 선택하는 것이다. 당신은 보복할 권리를 포기한다. 그리고 그 사람들에게 보복하는 대신, 그들을 위해 기도하기 시작한다. 그것은 당신이 그 사람의 죄의 결과를 떠안고 사는 것을 받아들인다는 뜻일 수도 있지만, 그 사람이 잘못을 바로잡거나 어떤 식으로든 잘못에 대해 보상해주기를 더 이상 기대하지 않는 것이다.

조이스 마이어라는 작가가 TV에 나와서 이야기하는 걸 본 적이 있을지 모르겠다. 《재 대신 화관을》(Beauty for Ashes)이라는 책에서 그녀는 아주 어릴 때부터 아버지가 그녀를 성추행하기 시작했다고 이야기한다. 그것은 곧 강간으로 변했다. 조이스는 보수적으로 추정해도 18살이 되기 전에 아버지가 그녀를 강간한 것이 200번이 넘는다고 말한다.

한때 그녀는 어머니에게 가서 아버지가 한 일을 이야기했다. 하지만 아무 일도 일어나지 않고 아무것도 달라지지 않은 걸 보면 어머니는 그녀를 믿지 않았거나, 아니면 너무 두려워서 아무 조치도 취하지 않았던 것 같다.

조이스는 18살이 되자 서둘러 부모님의 집에서 나왔다. 그리고 용서를 향한 여행을 떠났다. 그녀는 9살 때 자신의 삶을 예수님께 드렸지만, 근본적으로 몇 년 동안 믿음에서 멀어져 있었다. 그녀가 다시 믿음을 갖게 됐을 때 자기 아버지를 용서해야 한다는 걸 깨달았다. 그렇지 않으면 아버지가 한 일이 계속해서 그녀를 감금해둘 거라는 걸 알았다. 그때 그녀는 아버지와 아무 교류도 없었지만, 그녀의 성경책이 그를 용서해야 한다고 말해주었다. 그래서 그녀는 자신의 감정과 상관없이 그러기로 했다.

　그녀가 아버지를 찾아가 그를 용서했을 때 그는 자신이 잘못한 것을 인정하지 않았다. 하지만 그의 반응에 화가 나더라도, 하나님께서 그녀에게 하라고 하신 일은 달라지지 않는다는 걸 알았다.

>>> 용서의 3단계

우리는 아직 세 번째 단계의 용서를 본격적으로 다루지 않았다. 이것을 좋아하지 않을 사람도 있을 것이고, 어떤 사람들에게는 3단계의 용서가 비현실적이다 못해 불쾌하게 느껴질지도 모른다. 여기서 3단계의 용서를 이렇게 정의하겠다.

　'나에게 해를 끼친 사람과 기꺼이 화해하려는 마음'

　자, 나는 이것이 항상 가능하지는 않다는 걸 안다. 잘못을 범한 사람이 화해를 원하지 않을 수도 있고, 더 이상 살아 있지 않을 수도 있고, 또는 당신에게 안전하지 않을 수도 있다. 어떤 화해의 단계들은 특정한 상황에서 현명하지 않을 수도 있다. 더 큰 학대를 받는 것을 감수하라는 말이 아니다. 그러나 할 수만 있다면 3단계의 용서를 목표로 삼아야 한다. 우리가 바로 그런 용서를 예수님을 통해 하나님께 받은 것이기 때문이다.

　조이스 마이어는 가장 추악한 방법으로 그녀를 학대한 악한 아버지를 두었지만, 예수님을 따르는 자로서 그를 용서해야 한다는 걸 알았다. 그녀의 감정은 용서하고 싶지 않았지만 결단을 내리고 아버지를 찾아가 그를 용서하겠다고 했다. 몇 년 후 그녀는 성경에서 예수님이 원수를 사랑하고 우리를 미워하는 자들에게 선을 행하라고 말씀하시는 것을 읽었다(누가복음 6장). 나중에 그녀는 기도하는데 하나님이 이렇게 말씀하시는 것 같았다.

"너는 네 부모를 돌봐야 한다. 너는 선을 행하고 네 부모를 잘 보살펴야 한다."

그녀의 부모는 늙었고 약 300킬로미터 이상 떨어진 다른 도시에 살고 있었다. 조이스는 오랫동안 경제적으로 그들을 돕기 위해 일해 왔지만, 하나님께서 새로운 단계로 나아가라고 하시는 것 같았다.

그녀는 남편과 이야기를 나누고 그들의 재정 상태를 살펴보았다. 그리고 그들이 사는 지역에서 약 13킬로미터 정도 떨어진 곳에 매물로 나온 집이 있는데, 그 집을 그녀의 부모님께 사드릴 정도의 여유는 있다는 걸 알았다. 또 부모님께 새 차와 새 가구도 사드릴 수 있을 것 같았다. 하나님은 "너는 네 부모를 보살펴야 한다."고 말씀하셨고, 그래서 그녀는 부모님께 집과 차와 가구를 사드렸다.

그녀의 부모님은 고마워했지만 그녀의 아버지는 여전히 지독한 사람이었고, 몇 년 동안 그런 상태가 지속되었다. 그런데 어느 추수감사절 오전에 조이스의 어머니가 전화를 걸어 이렇게 말했다.

"네 아버지가 일주일 내내 울고 있다. 좀 와주겠니? 너랑 이야기를 해야 할 것 같아."

조이스 부부는 부모님의 집으로 갔다. 그녀의 아버지는 자기가 행한 끔찍한 짓들을 그녀에게 고백하고 사과했다. 그리고 그녀의 남편에게 오랫동안 과분한 친절을 베풀어줘서 고맙다고 했다.

조이스는 아버지가 진심으로 뉘우치고 있다는 걸 알 수 있었다. 그녀는 전에도 복음을 전한 적이 있었지만 이 틈을 타서 아버지에게 다시 한 번 복음을 설명해드리고 이렇게 물었다.

"아버지, 아버지의 삶을 그리스도께 드려야겠지요?"

그리고 열흘 뒤 그들의 교회에서 그녀가 아버지에게 세례를 주었다.

조이스가 아버지에게 보여준 은혜는 말도 안 되는 것처럼 보일 수 있지만, 우주의 하나님께서 우리에게 베푸신 은혜만큼 말이 안 되겠는가? 성경은 하나님이 우리를 용서하신 것처럼 우리도 용서해야 한다고 말한다. 하나님이 우리를 용서하셨을 때 "나는 너를 용서하지만, 우리는 관계를 맺을 수 없다. 즉 나는 너의 죄를 너에게 돌리지 않을 것이나, 우리는 서로 아무 관계도 없을 것이다. 너는 네 길을 가라, 나는 내 길을 갈 테니."라고 말씀하지 않으셨다. 하나님이 우리를 용서하실 때는 우리의 죄에도 불구하고 우리와 화해하신다.

골로새서에서 바울은 하나님이 우리를 어떻게 용서하시는지, 이 3단계의 용서를 이렇게 설명한다.

> 아버지께서는 모든 충만으로 예수 안에 거하게 하시고 그의 십자가의 피로 화평을 이루사 만물 곧 땅에 있는 것들이나 하늘에 있는 것들이 그로 말미암아 자기와 화목하게 되기를 기뻐하심이라 골 1:19,20

그는 어떻게 그 일을 하셨는가? 화목함을 이루기 위해 어떤 대가를 지불하셨는가?

> 그의 십자가의 피로 화평을 이루사… 전에 악한 행실로 멀리 떠나 마음

으로 원수가 되었던 너희를 골 1:20,21

우리는 하나님께 죄를 범하였기 때문에 하나님과 원수가 되었고 그를 멀리 떠났다. 하지만 그때 하나님이 3단계의 용서를 베푸셨다.

이제는 그의 육체의 죽음으로 말미암아 화목하게 하사 너희를 거룩하고 흠 없고 책망할 것이 없는 자로 그 앞에 세우고자 하셨으니 골 1:22

하나님은 당신의 죄를 '제거하시고' 당신을 그와 화목하게 하시며, 그의 임재 안으로 초대하신다. 그것은 우리가 베풀어야 할 용서의 모범이다.

>>> 2.5단계

약 12년 전, 다른 주에 사는 친척이 경제적인 어려움에 처하여 나에게 도움을 요청했다. 꽤 긴급한 상황이었고, 그는 우리에게 5천 달러를 빌려달라고 했다.

우리는 20대였고, 집을 아무리 뒤져봐도 그에게 빌려줄 5천 달러는 없었다. * 내가 소파 쿠션들 사이사이를 다 살펴보았기 때문에 안다. 하지만 우리는 어떻게든 해보기로 했다. 저금해둔 돈을 찾아서 그에게 빌려주었다. 그는 1년 이내에 꼭 갚겠다고 약속했다. 우리는 그 돈을 받지 않아도 될 만큼 여유롭지 못했기 때문에 그 약속을 믿었다. 청구서 대금을 내고, 아이들의 학교 수업료를 내고, 세금을 내려면 그 돈이 필요했다.

그러나 1년이 지나도록 그는 돈을 갚기는커녕 그 얘기를 꺼내지도 않았다. 휴일에 그를 보았는데, 그는 어떻게든 우리를 피하려고 애를 썼다. 그에게 전화를 걸어보았으나 받지 않았다. 점진적인 상환 계획을 세워보자는 메시지도 남겨 보았지만 그는 답이 없었다.

우리는 결국 차를 팔아 낡은 미니밴을 사고 그 차액으로 청구서 대금을 내야 했다.

몇 년이 흘렀고, 나는 점점 더 원망이 쌓여갔다. 낡은 미니밴을 몰아야 한다는 것은 남자에게 중요한 문제이다. 가족 모임에서 그를 볼 때마다 그는 어떻게든 우리를 피하려고만 했고, 나는 점점 더 억울한 마음이 들었다.

마침내 아내가 이렇게 말했다.

"당신도 알겠지만, 당신에게 정말 필요한 건 그 사람과의 관계라고 생각해. 그가 우리에게 빚을 지고 있다고 느끼고 있고, 또 당신은 그가 그것을 인정하지 않거나 갚지 않아서 실망하고 있다면, 서로 관계를 맺을 수가 없을 거야."

나는 그러고 싶지 않았다. 아내는 계속해서 말했다.

"난 우리가 빚을 면제해주고 그 사람한테 돈을 갚지 않아도 된다고 말해야 할 것 같아."

내 생각은 달랐다. 나는 그녀에게 대답했다.

"아니, 그럴 수 없어. 그렇게 하고 싶어도 할 수 없어. 우리한테는 그 돈이 필요하니까."

그리고 이어서 이야기했다.

"그건 그 사람한테 권한을 줄 뿐이라고. 그 사람도 자기 결정에 책임을 져야지. 나는 절대로 그 빚을 면제해주지 않을 거야."

하지만 우리는 빚을 면제해주기로 했다.

그에게 우리가 빚을 면제해주고 그 일을 잊고 싶다고 말했던 기억이 난다. 우리는 다시 휴일을 맞아 가족과 함께 시간을 보내고 있었고, 나는 그에게 다른 방에서 따로 이야기를 하자고 했다. 그가 우리에게 진 빚을 갚지 않아도 된다고, 우리가 선물로 주겠다고, 그 빚은 이제 면제되었다고 말했다.

솔직히, 나는 그가 엄청 고마워하길 원했다. 그가 너무나 미안해하며 정말로 고마워하는 모습을 상상해보았다. 하지만 그런 일은 일어나지 않았다. 그는 대수롭지 않은 일처럼 행동했다. 처음엔 내가 무슨 얘길 하는지 잘 모르는 척했다. 고맙다고 말하긴 했지만, 사과하진 않았다.

몇 년 동안 나는 그를 비난하고 싶은 충동이 일곤 했다. 때로는 내가 그 돈을 투자했으면 지금쯤 얼마가 되었을까 하는 생각도 든다. 혹시 당신이 궁금해 할 것 같아 말하자면 15,765.27달러다. 그런 생각이 들면 스스로 이렇게 상기시켜야 한다.

'잠깐, 난 그걸 용서했어.'

몇 년 전에 그가 새 차를 사서 소셜미디어에 사진을 올렸다. 나는 이런 댓글을 남겼다.

"와, 좋아 보이네요. 제가 몰았던 미니밴이 생각나는데요. 완전히 다르지만."

나는 스스로 이렇게 상기해야만 했다.

'잠깐, 난 그걸 용서했어. 그걸 내려놓았어. 더 이상 내 마음속에서

그 일을 다시 떠올리지 않을 거야.'

그것은 어려운 일이다. 사람들은 당신에게 "용서하고 잊으세요."라고 말한다. 그건 사실이 아니다. 당신은 용서하고 기억한다. 그리고 기억이 날 때마다 스스로 '난 그걸 용서했어.'라고 상기시켜야만 한다.

나는 친척과의 관계를 어느 정도는 회복했다. 진정한 화해를 하려면 그도 자신의 잘못을 인정해야 할 것이다. 완전한 화해는 양쪽 당사자에 달려 있다. 우리는 그것을 이런 식으로 말할 수 있다. 온전한 화해를 하려면 피해자의 용서와 가해자의 회개가 모두 필요하다고.

우리와 하나님과의 관계에서도 그렇지 않은가? 하나님은 우리를 용서해주신다. 우리가 용서받기 위해 필요한 대가도 다 치러주셨다. 하지만 하나님과 화해하려면, 우리가 회개해야 한다.

당신에게 해를 끼친 사람이 당신이 생각하는 만큼 회개하지 않을 수도 있다. 자기 죄가 얼마나 심각한지, 그것이 당신에게 얼마나 큰 해를 끼쳤는지 인식하지 못할 수도 있다. 본인은 미안하다고 말하지만, 그 회개의 정도가 죄의 정도에 비해 부족해 보일 수도 있다. 하지만 우리의 회개 수준도 하나님께 범한 죄의 수준에 미치지 못한다.

그렇다 해도, 진정한 화해를 이루기 위해선 피해자의 용서와 가해자의 회개가 필요한 것이 사실이다.

성경에 이것을 보여주는 이야기가 있다. 아브라함의 손자, 야곱에게는 에서라는 쌍둥이 형이 있었다. 에서가 몇 분 차이로 형이 되었고, 형으로서 아버지의 축복과 장자권을 갖게 되었다. 야곱은 에서를 속여서 이것들을 빼앗고 형을 피해 도망쳐 숨었다. 야곱은 자기가 잘못했다는 걸 알았고, 에서가 보복할 것을 알았기 때문에 도망친 것이다. 그는 몇 십 년 동안 에서를 피해 다녔다. 두 형제는 서로 대화를 나눈 일도 없었고 아무런 교류도 하지 않았다.

마침내 야곱이 더 이상 에서를 피할 수 없는 시기가 온다. 그들은 곧 만나게 될 것이고, 야곱은 심히 두려워한다. 그는 에서가 400명의 군대를 이끌고 오고 있다는 소식을 듣는다. 어떻게든 손실을 줄이려고, 야곱은 그의 가족과 모든 재산을 둘로 나눈다. 혹시 에서가 한 무리를 공격하더라도, 다른 무리가 남아 있기를 바라면서 말이다.

드디어 이 두 형제가 다시 만나는 순간이 온다. 성경에는 "자기는 그들 앞에서 나아가되 몸을 일곱 번 땅에 굽히며 그의 형 에서에게 가까이 가니"라고 쓰여 있다(창 33:3). 야곱은 자신을 낮추고 에서에게 몸을 굽힘으로써 뉘우치는 모습을 보였다. 그러자 "에서가 달려와서 그를 맞이하여 안고 목을 어긋맞추어 그와 입맞추고 서로 우니라"(4절)라고 했다.

그것이 바로 3단계의 용서다. 그것이 화해다. 화해를 하려면 피해자의 용서와 가해자의 회개가 필요하다. 그 일은 자주 일어나지 않지만, 화해는 아름다운 일이다.

야곱과 에서가 다시 만나는 날, 야곱의 아들 중 한 명이 행렬의 뒤쪽으로 간다. 한 어린 소년이 이 모든 일을 지켜보고 있었던 것이다. 그는 아마 자기 삼촌 에서에 관해 들은 적이 있을 것이다. 그가 두 형제 간의 싸움에 대해 얼마나 알고 있었는지는 모르겠으나, 자기 아버지가 삼촌을 만나기 두려워한다는 것은 알고 있었을 것이다. 그는 곧 어떤 일이 일어날 지도 알았을 것이다. 낯선 모습이었지만, 아버지가 겸손하게 몸을 숙이는 모습을 본다. 그리고 삼촌이 달려와 아버지를 끌어안는 것을 본다. 이 어린 소년의 이름은 요셉이다. 그는 그 모든 것을 보고 받아들였다.

몇 년 후 요셉은 자기 형제들과 문제가 생겼다. 형들은 그를 노예로 팔아넘겼다. 하지만 하나님이 요셉의 삶 속에서 역사하셔서 그가 애굽의 2인자가 되었다는 걸 기억할 것이다. 20년이 지난 후, 요셉의 형들이 와서 그에게 양식을 달라고 애원한다. 기근이 닥쳐 그들은 매우 절박하다. 그들은 요셉을 알아보지 못하지만, 요셉은 그들을 알아본다. 원한다면 이것이 그들에게 보복할 기회이다.

하지만 요셉은 형들이 진심으로 뉘우치고 있는지 알고 싶었다. 그래서 그들이 정말로 자기들이 한 일을 미안해하는지 시험해본다. 형들이 뉘우치고 있다는 걸 알게 됐을 때 다음과 같은 일이 일어난다.

요셉이 시종하는 자들 앞에서 그 정을 억제하지 못하여 소리 질러 모든 사람을 자기에게서 물러가라 하고 그 형제들에게 자기를 알리니 그 때에 그와 함께 한 다른 사람이 없었더라 요셉이 큰 소리로 우니 애굽 사람에게 들리며 바로의 궁중에 들리더라 창 45:1,2

요셉의 형들은 혼란스럽고 두려워하지만, 요셉은 그러지 않아도 된다고 그들을 다독인다. 그들이 악한 마음으로 한 일을 하나님께서 선한 일을 이루는 데 사용하셨다고 말해준다.

나는 요셉이 이미 2단계의 용서에 이르렀다고 확신하지만, 이제 그는 세 번째 단계로 나아갈 수 있다. 그리고 그는 울음을 터뜨린다. 그것은 내게 놀랍지 않다. 우리가 다른 사람들을 자유롭게 놓아주면 결국 우리 자신도 해방감을 느끼게 되기 때문이다.

하나님은 우리가 보복할 권리를 내려놓고, 원망과 증오의 감정을 버리는 것을 넘어서, 우리에게 해를 끼친 사람과 기꺼이 화해하라고 우리를 부르고 계신다.

>>> 은혜는 화해로 인도한다

엘리자베스와 프랭크 모리스를 기억하는가? 타미 피아제가 음주 운전을 하다가 그들의 아들 테드를 죽였다. 타미는 재판에서 집행유예를 받았고 엘리자베스는 보복하고 싶어 했다.

하지만 엘리자베스에겐 한 가지 문제가 있었다. 그녀는 은혜를 받은 사람이었다. 그리스도인이었던 엘리자베스는 고통을 하나님께 가져갔고, 기도하면서 하늘에 계신 아버지께서도 그분의 죄 없는 아들을 죽게 하셨다는 사실을 깨달았다. 하나님이 그녀를 용서하신 것처럼 그녀도 타미를 용서해야 한다는 걸 알았다.

엘리자베스는 타미를 만나 그를 도와주고 싶다고 말했다. 타미는 결손 가정에서 자랐고 알코올 중독과 싸우고 있었다. 그에겐 도움이 필요했다.

오래지 않아, 타미는 술에 취하여 가석방 계약을 위반했다. 타미는 석 달 동안 수감되었고, 엘리자베스는 정기적으로 그를 찾아가 면회했다. 타미가 석방되자 엘리자베스와 프랭크는 그와 관계를 쌓아가며 예수님에 대해 말해주기 시작했다. 어느 날 밤 모리스 부부와 타미는 차를 타고 그들의 교회로 갔다. 거기서 프랭크 모리스는 아들의 살인범에게 세례를 주었다.

모리스 부부는 지금 타미를 자기 아들처럼 여긴다. 그들은 주일마다 함께 교회에 가고, 밖에 나가 점심을 먹는다. 종종 만나 롤러스케이트를 타거나 볼링을 하기도 한다. 타미는 매일같이 그들에게 전화를 건다.

이것은 실제로 일어났던 놀라운 이야기다. 그러나 내가 묻고 싶은 것은 이것이다. 그런 일이 정말 일어날 것인가? 당신의 삶 속에서 펼쳐져야 할 화해의 이야기가 있는가?

당신이 용서하고, 기도해주고, 선을 베풀고, 화해해야 할 원수가 있는가? 그는 누구인가? 당신은 무엇을 해야 하는가?

당신은 이 일을 할 수 있다. 은혜가 당신의 상처보다 더 크다. 그저 그 은혜가 흘러가게 하면 된다.

Grace

Than   Your Circumstances

Is

Part 3

은혜가 더 크다
내 상황보다

Greater

나의 죄악
수치 후회 상처
원망 보복 분노

08

나의 큰 실망보다
더 큰 평안의 은혜

>>>

나는 누가 그런 요청을 했는지 몰랐다. 그의 이름은 마커스였고, 재정적인 도움을 요청하고 있었다. 우리 교회에서는 많은 자선 후원 신청을 받고 있지만, 묘비를 세우고 거기에 글을 새길 수 있도록 도와달라는 요청은 이례적인 것이었다. 그냥 수락할 수도 있었지만, 나는 우선 좀 더 알아보고 싶었다. 누군가가 자신의 묘비를 세우기 위해 도움을 요청하는 것은 자주 있는 일이 아니기 때문이다. 어떤 글을 새기고 싶어 하는지 알면 그 사람에 관해 좀 더 알 수 있을 거라고 생각했다.

나는 곧 답을 얻었다. 그가 자기 묘비에 새기기 원했던 글은 바로 이것이었다.

내가 감사하지 못했던 날들에 대해 나를 용서해주십시오.

갑자기 많은 질문이 떠올랐다. 그는 무엇 때문에 죽어가고 있을까? 남은 시간이 얼마나 될까? 왜 그런 간청을 유언으로 남기고 싶어 하는 걸까? 그리고 감사하지 않는 것이 정말 죄일까? 그것은 약간 과장된 것 같았다. 나는 그와 만나 이런 질문들을 탐색해보기로 했다.

>>> 죄라고? 정말?

마커스와 만날 기회를 얻기 전에, 나는 그가 바라던 묘비명이 자꾸만 생각났다. 내가 감사하지 못했던 날들에 대해 나를 용서해주십시오?

지난날 징징거리고 불평했던 일들이 죄다 떠오르기 시작했다. 내 생의 전 구간에 "카일은 지금과 다른 상황을 원한다"라는 표를 붙일 수 있을 것 같았다. 이것이 최선의 태도가 아니었다는 건 기꺼이 인정한다. 하지만 그것이 죄였을까? 또 만약 죄였다 해도 작고 사소한 죄가 아니었을까? * 당신도 알다시피, 그리스도인들이 "인간쓰레기", "망할", "제기랄", "젠장" 같은 비속어를 사용하는 것처럼 말이다. 내가 제일 좋아하는 욕은 "빌어먹을"이다. 그러니까 배은망덕은 죄의 2군 팀에 들어가야 한다는 뜻이다. 그런가? 그것이 정말 내가 용서를 구하고 회개해야 할 죄였을까?

나는 "범사에 감사하라 이것이 그리스도 예수 안에서 너희를 향하신 하나님의 뜻이니라"라는 구절을 묵상하기 시작했다(살전 5:18). 그때 이런 생각이 들었다. 이것은 단지 유익한 제안이나 건강한 삶을 위한 조언이 아니다. 그것은 "나 외에는 다른 신들을 두지 말라", "살인하지 말라"와 같은 명령인 것이다. 하나님이 그 말씀을 하실 때 윙크를 하시진 않았을 것이다. 하나님은 그것을 명령하셨고, 우리가 그 명령대로 행하지 않으면 그에게 불순종하는 것이다. 불순종은 죄이며, 죄는 우리가 용서를 구하고 회개해야 하는 것이다.

출애굽기 16장에서 우리는 이스라엘 백성이 광야를 헤매는 것을 본다. 하나님은 기적적으로 그들을 애굽의 압제와 속박에서 이끌어내셨다. 노예였던 그들이 이제는 광야를 가로질러 하나님이 약속하신 땅, 곧 그들이 자기 것이라고 부를 수 있는 땅으로 가고 있다. 하지만 그들이 여행 중에 불평하는 모습을 보게 된다.

이스라엘 자손 온 회중이 그 광야에서 모세와 아론을 원망하여 이스라엘
자손이 그들에게 이르되 우리가 애굽 땅에서 고기 가마 곁에 앉아 있던
때와 떡을 배불리 먹던 때에 여호와의 손에 죽었더라면 좋았을 것을 너희
가 이 광야로 우리를 인도해 내어 이 온 회중이 주려 죽게 하는도다

출 16:2,3

그들은 마치 애굽에서 잘 먹고 잘살았던 것처럼 행동했다. 끝나지
않는 퐁듀 파티라도 했던 것처럼. "좋았던 옛날 기억나?"라고 말하며
그들은 몹시 슬퍼한다. 그런데 그들은 한 가지를 빠뜨렸다. 바로 노예
였다는 사실이다! 이스라엘인들은 모든 것을 갖춘 리조트에서 빈둥거
리며 지내지 않았다. 그들은 노예였다.

그들이 계속 불평하는데도 하나님은 은혜로우시며 그들에게 '만나'
라는 음식을 공급해주신다. '만나'라는 단어는 "그게 무엇이냐?" 또는
"그게 무엇이든"이라는 뜻이다. 당신은 신비한 고기에 대해 들어보았
다. 이것은 신비한 빵이었고, 이스라엘 백성들에게 공평하게 나누어주
었다. "이것이 무엇이냐?"는 보통 어떤 것이 특별히 맛있어 보일 때 하
는 질문이 아니다. 당신은 추수감사절 저녁 식사를 하려고 앉았을 때
접시를 보며 '이게 뭘까?'라는 생각을 하고 싶어 하지 않는다. 어떤 것
을 가리키며 앞에 앉은 친척에게 "그게 뭔지 모르겠지만… 나한테 좀
건네줄래?"라고 말하길 원치 않는다. 당신이 어린아이라면, 어머니가
"그게 무엇이든 일단 한 입 먹어봐. 할머니가 만드신 젤라틴 혼합물 같

은 건데 나도 그게 뭔지 모르겠다. 소스를 뿌리고 코를 막고 삼키면 아무 맛도 안 날 거야." * 거짓말! 라고 말하길 원치 않는다.

그 사람들은 지금 배고파 죽을 지경이고 하나님은 기적적으로 만나를 공급해주시는데도, 그들은 하나님께 감사하는 대신 불평을 늘어놓는다. 감사기도를 드리는 대신 투덜거린다. 다음은 메시지성경에서 풀어 쓴 구절이다.

백성 가운데 있던 어중이떠중이 무리가 탐욕을 품자, 이윽고 이스라엘 백성도 울며 불평을 터뜨렸다. "어째서 우리는 고기를 먹을 수 없는 거지? 이집트에서는 오이와 수박, 부추와 양파와 마늘은 말할 것도 없고 생선까지 공짜로 먹었는데 말이야! 여기에는 맛있는 것이 하나도 없다. 우리가 먹을 것이라고는 온통 만나, 만나, 만나뿐이다" 민 11:4-6

그리고 마침내 하나님이 그들의 불평을 충분히 들으셨다. 하나님은 모세에게 메시지를 주셔서 모든 사람들과 나누게 하신다. 우리는 하나님이 그들의 불평을 얼마나 진지하게 받아들이시는지를 알 수 있다.

너는 백성에게 이렇게 일러주어라. 너희 자신을 거룩하게 구별하여라. 고기를 먹게 될 내일을 위해 준비하여라. 너희는 하나님에게 "고기를 원합니다. 고기를 주십시오. 이집트에서도 이보다는 더 잘 살았습니다" 하고 불평했다. 하나님이 너희의 불평을 들었으니, 너희에게 고기를 주겠다. 너희는 고기를 먹게 될 것이다. 너희는 고기를 하루만 먹고 말 것이 아니다. 이틀이나, 닷새나, 열흘이나, 스무 날도 아니다. 한 달 내내 먹게 될

것이다. 콧구멍에서 고기 냄새가 날 때까지 먹게 될 것이다. 고기 이야기
만 나와도 구역질을 할 만큼 고기에 질리고 말 것이다. 너희 가운데 있는
하나님을 너희가 거부하고, 그 얼굴을 향해 "아이고, 우리가 어쩌자고 이
집트를 떠났던가?" 하면서 불평했기 때문이다 민 11:18-20

당신의 어머니나 아버지가 "울고 싶어? 그럼 실컷 울게 해줄게!"라고
말한 적이 있는가? 바로 그런 일이 여기서 벌어지고 있다. "너희가 고기
를 먹고 싶으냐? 그럼 내가 고기를 주마. 콧구멍에서 고기 냄새가 날
때까지 먹게 될 것이다." *중학교에서는 이 말이 즉각 인기를 끌었을 것이다.

그들이 감사하지 않은 것은 하나님께 중요한 문제이고, 가볍게 넘어
갈 죄가 아니다. 사실 몇백 년이 지난 후 시편 95편에서 여전히 하나님
은 이스라엘 백성들이 광야에서 믿음 없이 불평했던 것에 대해 말씀하
셨다.

사실 천 년도 넘게 지난 후, 우리는 히브리서 3장에서 여전히 하나님
이 광야에서 있었던 불평과 투덜거림에 대해 말씀하신 것을 읽는다.

문제는 "왜?"냐는 것이다. 왜 하나님은 투덜거리고 불평하는 것을
그렇게 심각하게 여기시는가? 그것을 인격적 모독으로 받아들이시기
때문이다. 하나님은 은혜롭게 자녀들을 위해 공급해주시는데, 사람들
은 그것을 알고 감사하는 대신 불평만 한다. 당연히 하나님은 그것을
언짢게 받아들이신다.

나는 아버지이기 때문에 하나님의 이런 특성이 이해가 된다. 나는 내
자녀들을 부양하고 보살피려고 열심히 일한다. 가끔씩 아이들이 감사
하지 않거나 알아주지 않는 것은 이해하지만, 그들이 투덜거리거나 불

평을 할 때 특별히 좌절감을 느낄 수 있다.

워리어스(Warriors) 팀이 NBA 정규리그에서 최다승을 기록하고 있을 때 나는 아들과 함께 인디애나 페이서스(Indiana Pacers) 팀과의 경기를 보려고 거금을 들여 티켓을 샀다. 나는 이 역사적인 연승 행진 중에 경기를 보러왔다는 걸 아들이 기억해주길 바랐다. 티켓 값이 정상가보다 훨씬 더 비쌌지만, 정말 중요한 추억으로 남을 밤이었다.* 내가 얼마를 주고 샀는지 말해도 상관없지만, 내 아내가 이 글을 읽을 가능성이 있다.

그러나 우리가 경기장에 들어가자마자, 우리 아들이 배가 고프다고 해서 내가 일어나 피넛 엠엔엠즈(M&Ms)를 사다 준다고 상상해보자. 내가 아들에게 엠엔엠즈를 주자 아들이 한번 쳐다보더니 "피넛 엠엔엠즈는 싫어요! 난 플레인 엠엔엠즈만 먹는다고요! 이건 안 먹을 거예요."라고 말한다고 상상해보라. 그리고 경기 시간 내내 이런 식으로 말하면서 불평한다고 상상해보라.

"우리가 여기 왜 왔는지 모르겠어요. 집에서 플레인 엠엔엠즈를 먹으면서 TV로 경기를 봐도 됐을 텐데!"

그러면 나는 감정만 상하는 게 아니라 좌절하고 분노에 차서, 아들에게 입 다물고 땅콩만 빼고 초콜릿만 빨아 먹으라고 했을지도 모른다. 어쩌면 집에 오는 길에 할인매장에 들러 커다란 2킬로그램짜리 플레인 엠엔엠즈 한 봉지를 사주면서 코에서 초콜릿 냄새가 날 때까지 질리도록 먹으라고 하는 것이 좋은 전략이었을지도 모른다.

하나님은 그의 백성들을 노예생활과 압제에서 벗어나게 해주셨고 그들을 젖과 꿀이 흐르는 약속의 땅으로 인도하고 계셨다. 그들이 하나도 걱정할 일이 없도록 그들에게 필요한 모든 것을 공급해주셨다.

그런데 사람들은 하나님께 어떻게 감사하는가?

"네. 모두 좋아요, 하나님. 하지만 음식은 좀 어떻게 해주실래요?"

하나님이 불평을 인격적 모독으로 받아들이시는 까닭은 우리가 받은 은혜의 거대함을 간과하기 때문이다. 그것은 복음의 좋은 소식을 깎아내리고 하나님의 관대하심과 신실하심을 무시하는 것이다. 본질적으로 불평은 신성 모독적이기 때문에 하나님을 불쾌하게 한다. 그것은 이렇게 말하는 것이다.

"전 하나님이 저를 보살펴주고 계신다고 믿지 않아요. 하나님이 약속을 지키실 거라고 믿지 않아요. 제가 겪고 있는 일들로부터 하나님이 절 구원해주실 수 있을 거라고 믿지 않아요."

사실 알고 보면, 불평은 하나님 신뢰하기를 거부하고 당신의 삶 속에서 그의 은혜를 인정하지 않는 것이다.

투덜대는 것은 예배의 반대이며, 불평은 은혜의 라이벌이다. 그 말에 움찔할지도 모르겠다. 아마도 불평은 은혜의 반대가 아니라 감사의 반대라고 말하고 싶겠지만, 성경에서 은혜와 감사는 서로 밀접하게 연관되어 있고 심지어 뒤얽혀 있기도 하다. 이것은 우리가 말하는 방식을 통해서도 볼 수 있다. 실제로 식사 전에 하나님께 감사를 표현하고 싶을 때 이것을 주로 '은혜의 기도'(saying grace-식전 감사기도)라고 한다.

불평을 할 때는 가진 것에 주목하지 않고 갖지 못한 것에 집착하게 된다. 불평은 은혜의 창문에 가림막을 내려서 하나님의 은혜의 빛이 비치지 못하게 한다. 이스라엘 백성들은 저녁 메뉴로 뭘 먹을까 근시안적으로 집착하다가, 그들이 여러 세대 가운데 처음으로 자유를 얻었다는 사실을 무시했다.

요전에 영화관에 갔을 때 비싼 간식을 사 먹을 수 있다는 것에 감사하며 매점 앞에 줄을 서 있었다. 나보다 서너 사람 앞에 있던 한 남자가 계산대 앞에서 극장 직원에게 화를 내고 있었다. 그가 무엇 때문에 화를 내는지 잘 들리지는 않았지만, 그의 언성은 높았고 말투도 거칠었다. 매점 여직원은 꾹 참고 듣고 있었지만 분명 그 상황이 당혹스러웠을 것이다. 마침내 그 남자가 호통을 멈추고 커다란 팝콘과 음료를 들고 화난 걸음으로 나를 지나쳐 갔다. 나는 발을 내밀어 그를 넘어뜨릴까 잠깐 생각해봤지만, 예수님이라면 그렇게 하실지 확신이 없어서 그냥 그를 향해 수동-공격적인 웃음소리를 내며 무시하듯이 고개를 저었다. * 예수님이 적어도 그 정도는 하셨을 거라고 모두 동의하리라 믿는다.

계산대 앞에 다다랐을 때 그 여직원에게 물었다.

"저 사람은 뭐가 문제였나요?"

그는 그녀가 팝콘을 너무 많이 담아줬다고 생각해서 화가 난 거라고 했다! 자기가 팝콘을 흘리지 않고 가져갈 수 없을 것 같았기 때문이다. 그때 나는 알았다. 예수님은 틀림없이 그의 발을 걸어 넘어뜨리셨을 거다.

균형감을 잃는 것에 관해 얘기해보자. 그는 맛있는 버터팝콘이 통에 가득 담긴 것을 보고, 자리로 돌아가는 길에 팝콘을 약간 흘릴 것 같아서 화가 났다.

연구에 의하면, 우리가 많이 불평할수록 불평할 거리를 더 많이 발견하게 된다고 한다.[1] 어떤 연구에서는 참가자들을 두 그룹으로 나누었다. 첫 번째 그룹은 매일 자기를 짜증 나게 한 일들을 기록하는 '짜증

일기'를 쓰게 하고, 두 번째 그룹은 감사한 일들을 기록하는 '감사 일기'를 쓰게 했다. 그 결과, 감사 일기를 쓴 사람들이 전반적으로 더 많은 에너지와 열정을 갖고 있고, 잠을 더 잘 자며, 우울함도 덜 느낀다는 걸 알게 됐다. 또한 각 그룹이 처음엔 시키는 일을 의식적으로 해야 했지만, 곧 무의식적으로 하기 시작한다는 걸 알게 됐다. 짜증 나는 일들을 적어야 했던 사람들은 점점 더 불만이 많아졌고, 감사한 일들을 적어야 했던 사람들은 점점 더 감사하게 되었다. 불평도 은혜처럼 삶을 바라보는 렌즈가 된다.

불평은 가진 것에 감사하기보다는 지금과 달라졌으면 하는 것들에 초점을 맞추게 한다. 제3세계 국가들을 방문하고 돌아온 사람들이 자기가 가진 것에 더 감사하게 되는 이유가 이것이다. 그들은 균형 잡힌 관점을 선물로 받은 것이다. 소셜미디어를 사용한다면, #FWP라는 해시태그를 본 적이 있을 것이다. 그것은 '부유한 국가의 특권층들만 경험하는 좌절이나 불평(First World Problems), 즉 행복한 고민'을 의미한다. 일반적으로 이것은 축복으로 여겨야 할 '문제들'에 대해 불평하는 사람들을 비웃을 때 사용된다. 인터넷에서 사용된 실제 예들을 보면 이런 것들이 있다.

- "장을 봐서 집에 왔는데 냉장고에 음식이 다 안 들어가서 절망스럽다."
- "영화를 내려받는데 너~무 오래 걸린다."
- "직장 근처의 모든 식당 음식에 신물이 난다."
- "으악, 해변에서 달리기를 하는데 내 애플 워치가 거리를 제대로 기록하지 않는다. 재수 없는 날인 게 틀림없다…."

불평은 완벽하지 못한 환경에 점점 더 집착하게 하는 반면, 감사는 환경에 좌우되지 않는다. 그것은 하나님의 은혜가 모든 상황 속에서 감사할 충분한 이유라는 것을 인정한다.

이 말을 하면 내가 좀 한심해 보이리라는 걸 알지만, 때때로 나는 비행기 안에서 만족하기가 힘들다. 하늘을 나는 기적에 감탄하고 과거에는 몇 달이 걸렸을 거리를 몇 시간 만에 갈 수 있는 것에 감사하는 대신, 일등석에 타지 못해 불만족스러워하는 나를 발견하는 것이다. 일등석에 탄 승객들과 다리를 뻗을 수 있는 널찍한 공간과 작은 침대만 한 팔걸이를 지나쳐 나의 비좁은 일반석 자리에 이른다. 그리고 곧바로 가느다란 팔걸이에 팔을 올려놓는다. 처음부터 영역 표시를 분명히 해두어야 하기 때문이다.* 오직 한 명의 승객만 이길 것이다! 그리고 스카이몰 (Sky Mall) 잡지를 손에 쥐면, 그것이 나를 파멸시킨다. 거기에는 내가 있는 줄도 몰랐던 발명품들이 가득하지만, 이제는 그것 없이는 살 수 없다는 걸 알게 된다.* 내 아내에겐 말하지 말라. 우편으로 로봇 하나가 올 것이다. 아, 그녀를 위한 선물도 샀으니 걱정 말라. 남편이 볼일을 보고 가면 뚜껑이 저절로 내려오는 변기다. 나는 내가 이스라엘 백성들처럼, 가진 것들을 잊어버리고 갖지 못한 것들에 집착하는 것을 본다.

하나님은 내가 감사하길 원하시지만, 불평할 때는 내가 감사해야 하는 것들이 보이지 않는다.

최근에 친한 친구가 자신의 중고차를 팔거나 보상판매를 하는 대신, 차가 정말로 필요한 누이에게 그걸 주기로 했다. 그 차는 만 달러 정도는 받을 수 있었고, 외관도 괜찮았으며, 심지어 양도하기 전에 정비까지 다 받았다. 그가 그 차를 자기 누이에게 주자 그녀는 고맙다고 했다. 하지만 그게 끝이었다.

몇 주 뒤에 그녀의 누이는 그 차 때문에 세금을 내야 한다고 불평하는 문자메시지를 보내왔고, 조금 지나서는 타이어 두 개를 새로 갈아야 한다고 불평했다. 최근에 그가 그녀를 보았을 때는 에어컨이 별로 시원하지 않다고 불평하기 시작했다. 내 친구는 그녀의 불평에 당연히 짜증이 났다. 그는 나한테 그 얘기를 하고 나서 이런 결론을 내렸다.

"그냥 보상판매를 해야 했어. 다시는 그런 짓 따위 하지 않을 거야."

그는 관대하고 배려 깊게 행동하려 했으나, 그녀는 고마워하는 대신 끊임없이 투덜대기만 했던 것이다.

불평하는 사람들은 계속 불평할 것이다. 아무리 후하게 베풀고 배려 깊은 선물을 해주어도, 그들은 여전히 불평할 거리를 찾을 것이다. 불평할수록 불평할 거리를 더 많이 발견하게 된다. 이스라엘 백성들은 불평 거리를 스스로 만들어냈다. 그들은 마치 애굽에서 온종일 고기만 먹었던 것처럼 행동했다.

"야, 너희들, 우리가 애굽에 있을 때 숯불 화로에 둘러앉아 에스프레소를 마셨던 거 기억나? 그 시절이 좋았지."

>>> 불평은 전염성이 있다

불평도 은혜처럼 퍼져나간다. 불평은 한 사람에게서 다른 사람에게로 퍼지며, 공동체 전체를 감염시킬 수 있다. 투덜대는 가족, 부정적인 이웃, 비판적인 교인이 한 두 명만 있어도 공동체가 감염될 수 있다.

불평이 전염되는 이유는 그 사람이 다른 모든 사람에게 지금 상황이 나쁘다는 걸 지적하기 때문이다. 방 안에 들어가서 모두에게 방이 너무 춥다고 말하면, 곧 모든 사람이 춥다고 느낄 것이다. 누군가가 지적하기 전에는 추수감사절 칠면조의 속 재료가 말랐다는 걸 의식하지 못할 것이다. 한 친구가 고화질화면으로 경기를 보면 훨씬 더 좋았을 거라는 말을 하기 전까지는 고화질로 경기를 보지 않아도 전혀 불편하지 않다.

민수기 11장을 보면 어느 '하찮은 사람'에게서 불평이 시작되었고 그가 곧 모든 사람이 불평하게 만들었다. 하나님의 백성들은 감사하며 긍정적인 마음을 가졌어야 했다. 하나님이 그들을 구원하셨고 그들에게 필요한 것을 공급해주셨기 때문이다. 하지만 대신 하나님이 하늘에서 들으시는 소리는 투덜대는 말들이었다.

>>> 감사할 이유

과거에 대형교회 목사였던 에드 돕슨(Ed Dobson)은 《안개 속에서 보다》(Seeing through the Fog)라는 책에서 루게릭병, 또는 근 위축성 측삭경화증(ALS)을 앓았던 12년간의 삶에 관해 이야기한다. 루게릭병은 원인이나 치료법이 알려지지 않은 퇴행성 질병이다. 돕슨은 불치병을 앓으면서도 끊임없이 감사하기 위해 애쓰는 모습을 보여준다. 그의 글을 읽어보자.

나는 감사하지 않는 일들이 많다. 더는 셔츠의 단추를 채울 수 없다. 두꺼운 외투를 입을 수 없다. 머리 위로 오른손을 올릴 수 없다. 글을 쓸 수가 없다. 오른손으로 음식을 먹을 수 없다. 왼손으로 음식을 먹지만, 이젠 그것도 점점 힘들어지고 있다. 그리고 시간이 갈수록 이런 어려움이 점점 더 심해질 것이다. 그러니 도대체 나는 무엇을 감사해야 하는가?
아주 많다.

주님, 오늘 아침에 저를 깨워주셔서 감사합니다. 주님, 침대에서 몸을 뒤집을 수 있어서 감사합니다. 주님, 여전히 침대에서 일어날 수 있어서 감사합니다. 주님, 화장실까지 걸어갈 수 있어서 감사합니다. 주님, 여전히 이를 닦을 수 있어서 감사합니다. 주님, 여전히 아침 식사를 할 수 있어서 감사합니다. 주님, 여전히 옷을 입을 수 있어서 감사합니다. 주님, 여전히 운전을 할 수 있어서 감사합니다. 주님, 여전히 걸을 수 있어서 감사합니다. 주님, 여전히 말할 수 있어서 감사합니다. 그리고 아직도 많이 있다. 나는 루게릭병과 함께하는 여정에서 내가 할 수 없는 일이 아니라 할 수 있는 일에 초점을 맞추는 법을 배웠다. 내 삶의 작은 일들에 감사하고 내가 여전히 할 수 있는 많은 일들에 감사하는 법을 배웠다.[2]

이 사람은 고통스럽고 점점 더 허약해지는 죽음을 향한 행진을 하고 있다. 불평할 일들이 아주 많아 보이지만 그는 불평의 렌즈를 통해 삶을 바라보지 않는다. 그는 은혜의 렌즈를 통해 자신의 상황을 바라보고, 그래서 감사한다.

>>> 축복에 대해 불평하는가?
최근에 나는 가만히 앉아서 하나님의 은혜의 렌즈를 통해 내 삶을 돌

아보기로 했다. 내가 알게 된 것은 내 삶에서 불평했던 부분들을 돌아보면 그 안에서 하나님의 은혜를 발견할 수 있다는 것이다. 그 당시에는 상황이 달라지길 원했겠지만, 지금은 나의 삶 속에서 어떻게 은혜가 그것들을 구속해 주었는지 볼 수 있다.

예를 들어, 나는 구역질나는 화장실 덕분에 꿈꾸던 직업을 갖게 되었다. 그 사연을 지금부터 이야기해보겠다. 요즘 내 삶에서 가장 큰 즐거움 중 하나는 켄터키 주 루이빌(Louisville)의 가장 놀라운 교회에서 목회하는 것이다. 이 교회에서 하나님이 하시는 일에 동참하는 특권을 누리는 것은 오직 하나님의 크신 은혜 덕분이라는 걸 안다. 나는 그 특권에 정말로 감사하고 또 감사한다. 하지만 지금 생각해보면, 하나님이 나를 이 자리로 이끄시기 위해 종종 내가 불평했던 상황이나 그 당시에는 달라지길 원했던 환경들을 사용하셨다는 것을 알 수 있다.

이런 상황들을 통해 하나님의 은혜를 추적해보겠다. (나는 하나님의 은혜를 역으로 분석해보려 한다. 끝까지 읽어주기 바란다.)

루이빌에서 목사가 되기 전에, 나는 로스앤젤레스 카운티에서 개척한 작은 교회를 이끌고 있었다. 신학교를 졸업한 나는 교회를 개척할 마음은 없었고 다만 설교를 하고 싶었다. 여러 교회에 지원서를 냈지만, 아무 데서도 연락이 오지 않았다. 경험도 없는 21살의 설교자에게 관심을 보일 리가 없었다. 나는 내가 교회에서 설교할 수 있는 길은 교회를 개척하는 것밖에 없다는 걸 알았다. 그 당시엔 그것이 온당해 보이지 않았다. 나는 분명 감사하지 않았고 속으로 이렇게 생각했다.

'이건 내가 원하는 게 아니야.'

내가 설교자가 되고 싶었던 것은 대학교에서 설교와 사랑에 빠졌기 때문이다. 나는 항상 청소년 목회자가 될 거라고 생각했지, 설교자가 될 거라고 생각한 적은 없었다. 계획은 그랬다. 사실 1학년 때 나는 청소년 목회자가 되겠다고 여러 교회에 지원서를 냈지만 아무도 관심을 보이지 않았다.

그러던 어느 주말, 마을에 있는 작은 교회에서 설교자를 급하게 찾고 있었다. 그들은 목요일에 내게 전화를 걸어 주일날 설교를 해달라고 했다. 주일날 나는 수십 명의 노인들이 모여 있는 성전으로 걸어 들어갔다. 감사하게도 그들은 나에게 다음 주에도 다시 와달라고 했고, 그 다음 주에도 와달라고 했다. 나는 그 교회에서 4년 동안 설교를 했다.

그 당시 내가 18살밖에 안 되었지만 첫 주말에 편하게 설교를 했던 이유는 16살 때 내 고향에 있는 프레셔스 모먼트 채플(Precious Moments Chapel)에서 여행가이드로 일을 한 적이 있기 때문이다.* 당신의 할머니가 수집했던 물방울 모양의 눈을 가진 피규어들의 박물관 웃고 싶으면 웃어도 된다.* 내 수집품들을 보면 웃음이 나오지 않을 것이다.

해마다 정말 많은 손님이 프레셔스 모먼트 채플을 찾았고, 나는 그들의 관광 가이드로서 수많은 사람들 앞에서 이야기했다. 프레셔스 모먼트는 성경적인 기반을 가지고 있어서 나는 주기적으로 복음을 전하게 되었다. 프레셔스 모먼트에서 일한 것은 내가 계획했던 게 아니었다. 그때 나는 전혀 일하고 싶지도 않았고, 그 상황도 마음에 들지 않았다.

내가 일을 해야만 했던 이유는 운전면허를 딴 지 얼마 되지 않아서 어머니의 차를 빌려 타코헛(Taco Hut)에 갔기 때문이다. 타코헛은 식사를 하기에 안전한 장소가 아니었다. 어쨌든 나는 거기서 음식을 먹었다.

타코헛에서 식사를 한 후, 집으로 와서 어머니의 차를 차도에 들여놓고 집안으로 뛰어 들어갔다. 잠시 후에 나와 보니 어머니의 차가 길한복판에 있었다. 차도에서 굴러 내려가 우리 집 우편함을 박살낸 것이다. 물론 차는 상당히 훼손되었다. 부모님은 내가 수리비를 내야 한다고 하셨다. 나는 그런 상황들이 하나도 감사하지 않았다. 나의 바람과 전혀 다른 상황이었고, 나는 차 수리비를 벌기 위해 일을 해야만했다.

차가 차도로 굴러 내려간 이유는 기어를 주차 상태로 해두는 걸 깜박했기 때문이다. 나는 타코헛에서 화장실을 사용할 수가 없었다. 그곳은 뭐랄까 너무나 미심쩍고 수상한 곳이었다.* 그 화장실은 호텔 캘리포니아 같았다. 즉 들어갈 수는 있지만 나올 수는 없을 것이다. 그래서 나는 당황하여 재빨리 집으로 와서 화장실로 달려간 것이다. 그러느라 주차하는 것을 깜박했다.

내 말을 잘 이해하고 있는가? 퍼즐 조각들을 잘 조합하고 있는가? 내가 오늘날 멋진 우리 교회에서 설교를 하며 꿈꾸던 일을 하게 된 이유는 바로 내 고향의 타코헛 화장실이 혐오스러운 곳이었기 때문이다!

지금 당신의 삶에서 가장 불평할 만한 일이 무엇인지 생각해보라. 어서 떠올려 보라. 그것을 불평하기 전에, 하나님의 은혜가 무슨 일을 성취하려고 일하고 계실지 생각해보라. 만약 하나님이 이 일을 통하여당신을 인도하시고, 실제로 그것이 나중에 축복을 가져온다면 어떻겠는가? 궁극적으로 우리가 상황에 대해 불평할 이유가 거의 없는 이유는 부활의 하나님을 섬기기 때문이다. 하나님이 예수님의 죽음을 통해우리의 구원을 이루실 수 있다면, 우리가 무슨 일을 겪든 간에 그 일을 다루실 수 있기 때문이다.

확신이 없는가? 당신의 삶 속에서 하나님의 은혜를 역 분석해 볼 것을 권한다. 당신의 바람과 달랐던 여러 상황과 그 가운데 당신이 불평했던 많은 일들 속에서 역사했던 하나님의 은혜에 감사할 이유들을 발견하게 될 것이다.

당신이 정말 좋아했던 사람에게 버림받았을 때 당신은 그 상황을 정말 원치 않았겠지만, 일생의 반려자를 만나 결혼한 지금 당신은 그때를 돌아보며 하나님의 은혜를 발견할 수 있다.

당신이 어떤 학교 프로그램에 들어가지 못했거나 직장에서 승진하지 못했을 때 그 상황이 부당하게 느껴지고 마음에 들지 않았겠지만, 지금은 당신이 좋아하는 일을 하면서 그때를 돌아보며 하나님의 은혜를 볼 수 있을 것이다.

당신이 암 진단을 받고 화학요법 치료를 받을 때는 당연히 그런 상황을 원치 않았을 것이다. 그러나 당신의 인생에서 그 기간에 예수님을 만났고, 지금은 그때를 돌아보며 하나님의 은혜를 볼 수 있다.

때로 우리는 과거를 돌아보며 우리가 축복에 대해 불평했다는 걸 깨닫는다. 하나님의 은혜는 우리의 삶 속에서 역사하고 있었으나, 우리는 불평하느라 바빠서 감사하지 못했던 것이다.

>>> 내가 감사하지 않았던 날들을 용서해주소서
나는 자신의 묘비 세울 비용을 지원해달라고 교회에 도움을 청했던 마커스의 요청을 받고 '이 사람을 꼭 만나봐야겠다'고 생각했다. 곧 그를

만났다.

마커스는 어느 날 아침에 일어나 보니 황달에 걸려 있었다. 그는 자신을 "호박 같은 오렌지"라고 묘사했다. 젊을 때부터 술고래였던 그는 간 경변일 거라고 짐작했다. 검사를 받기 위해 병원에 갔다가 한 시간도 안 되어 췌장암 진단을 받았다. 그는 살 날이 며칠밖에 남지 않았다는 말을 들었다.

그는 화학치료를 받고 암 진행을 늦추어서, 의사가 예측한 것보다는 더 많은 시간을 갖게 되었다.

나는 마커스에게 그런 힘든 상황에서 감사할 것이 있는지 물었다. 그는 이렇게 대답했다.

"그것은 처음에… 천천히 시작되었어요. 옷이나 먹을 음식, 물질적인 것들, 아시잖아요, 우리가 일용할 양식이라고 여기는… 그런 것들에 감사하는 일부터 시작했어요. 그리고 다른 눈을 통해 세상을 보기 시작했어요. 지금 저는 영원한 빛 안에서 세상을 바라보고 있어요. 이 생이 저의 다음 생에 얼마나 깊은 영향을 끼칠 것인지, 다음 생에 대한 기대가 지금 저의 삶에 얼마나 깊은 영향을 끼치고 있는지 말이에요. 그것은 정말 놀라웠어요."

나는 그가 묘비에 새기기 원하는 문구에 관해 물었다.

그의 대답은 이러했다.

"지나가다가 저의 묘비를 우연히 보고 어쩌면 거기에 공감하는 사람들, 그리고 그 메시지를 분별할 눈이 있는 행인들에게 한 가지 메시지를 전달하고 싶어요. 아주 간단한 메시지죠. 내가 감사하지 않았던 날들에 대해 나를 용서해주소서. 그 한 문장이 저의 문제를 말해주고 있어요. 저는 감사하지 않았거든요. 또 그 안에는 해답도 담겨 있어요. 저를 용서해 달라는 것이죠. 그것이 제가 전달하기 원하는 메시지예요."

메시지는 받아들여졌다.

하나님, 우리가 감사하지 않았던 날들을 용서하소서.

우리가 바라는 상황이 아닐 때도 당신의 은혜를 깨닫고 당신의 은혜가 항상 감사할 이유가 된다는 걸 알도록 우리에게 은혜를 주옵소서.

나의 죄악
수치 후회 상처
원망 보복 분노
09

나의 큰 연약보다
더 큰 능력의 은혜

>>>

최근에 필 핸슨이라는 예술가에 대해 알게 되었다. 그는 큰 성공을 거두었다. 예술을 창조하는 그의 획기적인 방법은 놀라울 정도로 인기를 끌었고 수많은 사람에게 감동을 주었다. 나는 "떨리는 손을 받아들이세요"(Embrace the Shake)라는 그의 TED 강연을 보고 핸슨의 예술에 친숙해졌다. 아직 그 강연을 보지 못했다면 하던 일을 멈추고 10분만 시간을 내어 보기 바란다.

미술학교에 다니던 필에게 손 떨림이 시작되었다. 그는 몇 년 동안 점묘법의 전문가가 되기 위해 노력해왔다. 점묘법이란 미술가들이 작고 뚜렷한 점들을 사용하여 어떤 이미지를 나타내는 기법이다. 몇 년 동안 따분하게 작은 점들만 그리다가 결국 영구적인 신경 손상에 이르고, 손을 떨지 않을 수가 없게 되었다. 갑자기 필의 특징적인 재능이, 즉 작고 완벽한 점들로 아름다운 형상을 만들어내는 능력이 그의 특징적인 장애가 되었다. 그의 강점이 그의 약점이 된 것이다. 그는 한동안 미술을 그만두었지만, 그를 담당한 신경과 의사가 한 말이 그에게 강한 자극이 되었다.

"그냥 떨리는 손을 받아들이는 것이 어떠세요?"

결국 필은 다시 예술적 실험을 시작했고, 가장 놀라운 일이 일어났다. 그의 예술적 재능을 파괴했다고 생각했던 손 떨림이 그의 가장 강력한 작품에 영감을 준 것이다. 그의 약점은 강점이 되었다.

필은 자신의 한계라고 생각했던 것이 더 큰 독창성을 발휘하는 데 기폭제가 되었다는 걸 알았다. 그는 이 원동력을 확신하게 되었고, 만일 그가 의도적으로 자신에게 한계를 부여한다면 어떤 예술작품을 생산할 수 있을까 궁금해졌다. 가령 재료비를 1달러만 사용할 수 있다면 어떻게 될까? 채색해야 하는데 붓을 사용할 수 없다면? 만약 작품을 전시하기 위해서가 아니라 파괴하기 위해 만든다면 어떨까? 다른 사람들에게 의존해서 작품 구성을 생각해내야 한다면? 그는 '손 떨림을 받아들이는' 법을 배웠고, 그의 약점에서 창조된 예술작품이 결국 가장 감동적인 작품이 된다는 걸 알게 되었다. 그는 그것을 이렇게 설명한다.

"우리가 하는 일에 한계가 없어지려면 먼저 한계가 있는 상황을 겪어봐야 한다."[1]

>>> 약점을 거부하는 것

'손 떨림을 받아들이는 것'은 쉬운 일이 아니다. 우리는 우리의 장점을 부각시키고 약점은 감춰야 한다고 배우면서 자랐다. 우리는 우리의 한계를 받아들이지 않는다. 우리는 그 한계들 때문에 당혹스럽고, 그래서 종종 그것들을 인정하지 않으려 한다.

나는 가끔 집에서 〈샤크 탱크〉(Shark Tank)라는 프로를 본다. 그것은 발명가들과 사업가들이 5명의 부유한 벤처 투자가들에게 자신들의 상품이나 사업을 선전하여 재정적 파트너를 찾는 프로이다. 발명가 중 한 사람이 자신의 새로운 상품에 대해 말하는 걸 듣고 있으면 종종 '왜 나는 저런 생각을 못 했을까?'라는 생각이 든다. 또한 그 프로를 보고 '잠깐, 나도 저 생각을 했었어!'라고 생각했던 사람은 나뿐만이 아닐 것이다.

만일 당신이 그 프로를 본다면 '날씬한 거울'이라는 발명품을 기억할 것이다. 이 거울은 약간 굽은 유리를 사용하여 착시를 일으켜, 사용자 가 5킬로그램은 더 날씬해 보이게 한다. 그것은 본래 개인들을 위해 설계되었으나, 그것을 만든 사람들은 실제로 소매업자들이 그 거울을 사용하는 것에 큰 관심을 보인다는 걸 알게 됐다. 그것이 옷 판매에 도움이 되기 때문이다. 만일 당신이 가게에서 옷을 입어보는데 잘 맞는지 보려고 '날씬한 거울'을 사용한다면, 그 옷을 사게 될 확률이 훨씬 더 높아진다.

내가 '날씬한 거울'에 대해 특히 흥미롭다고 생각한 것은 그들이 그 제품의 실체를 감추려 하지 않는다는 것이다. 실제로 그들은 거울에 자신들의 이름을 붙여놓는다. 그러므로 다음에 옷가게에서 스키니진 을 입어볼 때 거울에 비친 모습이 마음에 들거든, 절대로 오른쪽 아래 귀퉁이에 붙어 있는 '날씬한 거울' 로고를 보지 말라. 그걸 보는 순간 아마 충격에 빠질 것이다.

나는 우리가 자신의 약점에 대한 진실을 인정하기 싫어한다는 발상을 중심으로 모든 제품 라인을 만들 수 있겠다는 생각을 했다. 다음은 내가 생각해낸 몇 가지 아이디어다.

- 날씬한 저울 : '날씬한 거울'과 상호보완적인 제품. 이 저울로 체중을 재면 실제보다 5킬로그램 더 적게 나온다. 그러면 체중계의 숫자와 거울로 보이는 당신의 모습이 서로 조화를 이루지 않겠는가!
- 날씬한 그릇 : 파인트 사이즈의 아이스크림을 다 먹고 싶은데 죄책감은 느끼고 싶지 않다면, 아이스크림을 '날씬한 그릇'에 담으면 된다. 아, 그렇다고 당신이 아이스크림을 더 적게 받는 것은 아니니 걱정하지 말라. '날씬한 그릇'은 착시현상을 이용해 디자인된 커다란 그릇으로, 당신이 실제보다 더 적게 먹는 것처럼 느끼게 해준다.
- 날씬한 안경 : 당신의 거울이 당신을 날씬하게 보이게 해주고, 당신의 저울이 그것을 뒷받침해준다는 걸 알지만, 당신의 소개팅 상대는 실제로 어떤 모습을 보게 될 것인가? 그들에게 '날씬한 안경'을 쓰도록 요청하면, 정확히 당신이 보여주고 싶은 모습을 상대방이 보게 될 것이다!

약점을 부인하는 것은 수익성 좋은 사업이 될 수 있다!

>>> 아름다운 순환

우리는 자신에 대해 진실을 말해주는 거울보다 거짓말을 하는 마법의 거울을 훨씬 더 좋아한다. 하지만 우리는 모두 자신의 한계에 대한 진실에 직면하는 순간을 경험한다.

어느 날 퇴근하고 집에 왔을 때 무슨 일이 벌어졌는지 전혀 몰랐다. 아내는 문 앞에서 반갑게 맞아주었고, 2살 된 딸 모건이 아직 낮잠을 자고 있는데 너무 오래 잤으니 나더러 가서 아이를 깨우라고 했다. 그건 내가 좋아하는 일이었다.* 그 딸이 이제 16살이다. 그 애를 깨우는 일이 이제는 그리 재미있지 않다.

딸의 방문을 열었을 때 커다란 소나무 서랍장이 바닥에 쓰러져 있는 걸 보았다. 처음에는 모건이 그 서랍장 밑에 있을 수 있다는 생각을 전혀 하지 못했다. 나는 방을 둘러보며 아이를 찾고 아이의 이름을 불렀다. 그러다 아이가 그 밑에 있다는 걸 깨달았다.

나는 미친 듯이 그 가구를 들어 올렸다. 모건은 생명이 없는 것처럼 보였다. 전혀 움직이지도 않고 어떤 소리도 내지 않았다. 나는 큰소리로 아내를 불렀다. 모건은 숨을 쉬고 있었으나 의식이 없었다. 온몸이 시퍼렇게 멍들고 부어서 딸의 모습 같지 않았다. 나는 전화기를 붙잡고 911을 눌렀다. 전화벨이 울렸지만 아무도 받지 않았다. 나는 전화를 끊었다. 아내가 모건을 안았고 우리는 급히 차를 타고 병원으로 달려갔다.

나는 운전을 했고 아내는 뒷좌석에서 딸아이를 안고 있었다. 다시 911에 전화를 했지만 여전히 받지 않았다. 전화벨만 계속 울렸다. 나는 무서웠고 화가 났다. 생전 처음 911에 전화를 했는데 아무도 받지 않다니! 내가 너무나 무력하게 느껴졌다. 그리고 절박했다. 내가 할 수 있는 일이 아무것도 없었다.

나는 다시 911에 전화를 걸려고 했다. 이번에도 안 받으면 내가 끝장을 내버릴 테다. 그땐 아마 911이 911에 전화를 해야 할 것이다. 하지만 그때 아내가 뒷좌석에서 하나님께 울부짖으며 모건을 위해 기도하는 소리가 들렸다. 나는 전화를 끊고 그녀와 함께 큰소리로 기도하기 시작했다. 우리의 기도는 정돈되지도 않고 매끄럽지도 않았다. 나는 아내에게 "당신이 기도해, 그다음에 내가 기도할 테니"라고 말하지 않았다. 그때의 기도는 대화라기보다 울부짖음에 더 가까웠다.

마침내 병원에 도착해 뛰어들어갔다. 모건은 여전히 움직이지도 않고 아무 소리도 내지 않았다. 그다음 몇 분간은 내게 약간 흐릿한 기억으로 남아 있다. 의사들과 간호사들이 모건을 둘러싸고 어디에 이상이 있는지 알아내기 위해 어떤 검사를 해야 할지 결정했다. 그들은 내출혈, 두개골절, 골절이 있는지 살펴보았다. 그들은 모건이 의식을 회복하고 깨어나도록 도와줄 수 있었지만, 그 아이는 여전히 우리에게 반응하지 않았다. 그들은 X레이와 MRI 검사를 하기 위해 아이를 데리고 들어갔다. 부모 중 한 명만 아이와 함께 방에 들어오게 해주겠다고 했다. 아내가 바로 들어갔고, 나는 혼자 복도에 남았다.* 지금 생각해보니, 어느 부모가 들어가야 할지를 잘 협상하여 결정하지 않았다. 어떤 의논도 투표도 하지 않았다.

나는 반쯤 누운 자세로 벽에 기대어 앉아 계속 기도하며 하나님께 부르짖었다. 주변에 사람들이 있었는지는 기억이 나지 않는다. 그것은 중요하지 않았을 것이다. 누가 어떻게 생각할지는 전혀 신경 쓰지 않았다. 내 모습이 어떻게 보일지, 또는 내 목소리가 어떻게 들릴지 조금도 걱정되지 않았다. 절박한 사람들은 그런 것을 신경 쓸 틈이 없다.

우리는 그날 밤을 병원에서 보냈다. 의사들은 내부 손상은 없어 보인다고 했지만, 어떤 이유에서인지 모건은 왼쪽 다리를 움직이지 못했다. 의사는 신경 손상에 대해 아직 의학계가 모르는 부분이 많다고 설명해주었다. 그는 그것을 영구적인 증상으로 생각하지 않았지만, 언제 아이가 다리를 움직일 수 있는지는 알 길이 없다고 했다.

몇 주가 지났는데도 아이는 여전히 다리를 움직이지 못했다. 우리는 그녀의 다리 근육이 위축되기 시작했을지도 모른다는 경고를 들었다. 하지만 내가 할 수 있는 것은 없었다. 매일 아침 아내와 나는 아이의 방에 들어가 아이를 깨우고 기도해주었다. 그리고 매일 아침 똑같은 말을 했다.

"모건, 발가락을 움직여봐."

"발가락을 꼼지락거려봐, 모건."

그리고 매일 그 아이는 매우 단호한 눈빛으로 자신의 발가락을 쳐다보았다. 그리고 몇 분 뒤에 웃는 얼굴로 우리를 올려다보며 "움직이지 않아요."라고 말했다.

하지만 그러던 어느 날 드디어 움직였다. 아주 약간이긴 했지만, 그래도 움직였다. 드디어 신경 손상이 모두 치료된 것이었다. 모건은 완전히 회복되어 다시 뛰어다닐 수 있게 되었다.

돌아보면, 차가운 병원 복도 바닥에 앉아 있을 때 느꼈던 그 철저한 무력감이 기억난다. 내가 할 수 있는 일은 아무것도 없었다. 하지만 여기에 중요한 사실이 있다. 그 순간만큼 하나님이 내게 더 가까이, 혹은 더 실제적으로 느껴진 적이 없었다. 나는 아름다운 성전 안에서 기도드린 적도 있고 사람들로 가득 찬 원형 경기장에서 예배드린 적도 있지만, 그 차갑고 외롭고 고요했던 병원 복도에서만큼 하나님이 강력하게 내게 나타나신 적이 없었다. 나의 철저한 무력함이 하나님의 온전한 능력과 임재를 경험하기 위해 반드시 필요한 전제조건이었던 것이다.

어쩌면 당신은 자신의 부족함과 결핍을 부인할 수 없는 상황에 이른 적이 있을 것이다.

그런 적이 없었다면, 아마 앞으로 있을 것이다.

그런 경험이 있다면, 아마 당신에게 매우 힘든 경험이었을 것이다. 하지만 그 순간에 관한 진실은, 비록 고통으로 가득했을지라도 하나님의 능력으로 충만해질 가능성이 가장 큰 순간이었다는 것이다. 왜일까? 우리는 은혜의 필요성을 인식할 수 있는 만큼만 하나님의 은혜를 받아들일 수 있기 때문이다.

우리는 강함을 칭송하고 약함을 비난하는 문화 속에서 살고 있다. 하지만 은혜는 우리의 약함을 기뻐할 수 있게 해준다. 우리의 약함을 기뻐할 때 그것이 수문을 열어 은혜가 우리의 삶에 쏟아져 들어오게 해준다. 은혜가 우리의 삶 속에 부어지면 우리는 더욱더 우리의 약함을 기뻐하게 된다.

그것은 순환, 즉 아름다운 순환이다.

하나님의 능력이 약함 속에서 최고로 일하실 수 있다면 내게 아무 능력이 없음을 인정하는 것은 하나님의 은혜를 받을 수 있게 해주고, 약함을 기뻐할 수 있게 해주며, 더 많은 은혜가 삶에 흘러들어올 자리를 만들어준다. 당신은 아름다운 은혜의 순환에 들어선다.

>>> 약함 속에 있는 능력

약함을 인정할수록 우리 삶에서 하나님의 능력을 경험할 기회가 더 많아진다. 이것이 내게 자연스러운 일은 아니다. 나는 내 약점을 인식하지 못할 때가 많다.

최근에 프린터기 잉크를 사러 월마트에 갔다가, 단돈 10달러에 파는 반바지들이 쌓여있는 것을 보았다.

'여름도 거의 다가왔으니 반바지를 입을 수 있겠지. 게다가 겨우 10 달러라니!'

그래서 34사이즈 한 벌을 집었다. 굳이 입어보진 않았다. 왜냐하면… 난 남자니까. 우리는 그런 건 하지 않는다. 다음날 반바지를 입었는데 너무 꽉 끼었다. 뭐, 단추를 채울 수는 있었다. 하지만 단추가 불안했다. 그 단추는 필사적으로 매달려 있었다!

내가 절대 하지 않았던 생각이 무엇일 것 같은가?

나는 '체중이 몇 킬로그램 늘었나 보다'라는 생각을 절대로 하지 않았다. 그러면 약점을 인정하는 것이 되고, 솔직히 말하면 인정하고 싶지 않았기 때문이다. 그래서 맨 처음에는 '환불해야겠다.'는 생각부터 들었고, 곧이어 '월마트에서 가격을 10달러로 내린 건 아마 사이즈가 정확하지 않아서일 거야. 이 바지는 실제로 허리가 30인치인 게 틀림없어.'라고 생각했다.

그게 10달러짜리 꽉 끼는 반바지에 관한 일이니까 웃을 수 있지만, 내가 나의 싸움과 약점에 대해 나 자신에게 솔직하기를 거부한 것은 한 남편, 아버지, 친구, 목사로서 나에게 훨씬 더 큰 대가를 치르게 했다.

내가 필요한 조건을 갖추지 못한 영역들을 인정하고 의도적으로 하나님께 도움을 구할 수 있을 때 하나님의 은혜와 능력이 넘친다.

>>> 가시의 아픔
바울은 자기 약점을 인정할 뿐만 아니라 그것을 기뻐하는 법을 배웠

다. 성경에는 바울이 고린도교회에 보낸 두 편의 편지가 있다. 고린도
는 강함을 칭송하는 도시였고, 호화로운 삶과 인상적인 건축 양식, 엘
리트 사교계 명사들로 유명했다. 고린도는 사람들이 즐거움과 이국적
인 생활을 위해 많이 찾는 곳이었다. 또한 고린도 건축 양식은 놀라울
정도로 섬세하고 거대한 기둥들이 특징이었는데, 그것은 힘을 나타내
기 위한 것이었다.

바울이 고린도 교인들에게 첫 번째 편지를 쓴 후, 일부 거짓 교사들
이 도시로 들어와 자기 자랑으로 사람들을 끌어들이기 시작했다. 그
들은 자신들의 종교적인 이력을 내세우며 놀라운 영적 경험들을 자랑
했다.

바울은 고린도 교인들이 이 거짓 교사들이 얼마나 잘못되었는지를
알고, 자기들의 약함을 기뻐하는 것을 배우기 원했다. 하지만 바울은
고린도 교인들이 약함에 대한 자기 이야기를 듣게 하려면 먼저 그의 강
점들을 알아야 하며, 그래서 거기서부터 시작해야 한다는 것을 알았
다. 자신의 자질과 자격에 대해 말하는 것이 좀 어리석게 느껴졌지만,
그렇게 해야만 그가 약함의 가치에 대해 말할 때 사람들이 듣는다는
걸 알았기 때문에 그는 이렇게 시작한다.

누가 무슨 일에 담대하면 어리석은 말이나마 나도 담대하리라 그들이 히
브리인이냐 나도 그러하며 그들이 이스라엘인이냐 나도 그러하며 그들이
아브라함의 후손이냐 나도 그러하며 그들이 그리스도의 일꾼이냐 정신
없는 말을 하거니와 나는 더욱 그러하도다 고후 11:21-23

그리고 계속해서 그의 강점과 경험들이 어떻게 그 자신에 대한 확신을 갖게 하고 '내가 필요한 조건을 갖추었다'고 생각하도록 이끌었는지 설명한다. 하지만 그가 계속해서 어떻게 말하는지 보라.

너무 자만하지 않게 하시려고 내 육체에 가시 곧 사탄의 사자를 주셨으니 이는 나를 쳐서 너무 자만하지 않게 하려 하심이라 이것이 내게서 떠나가게 하기 위하여 내가 세 번 주께 간구하였더니 고후 12:7,8

바울의 '육체의 가시'는 무엇이었을까? 성경학자들은 여러 가능성을 제시했지만, 아무도 확신하지 못한다. 몇 가지 가능성들을 살펴보긴 하겠지만, 나는 바울이 우리 자신의 가시로 빈칸을 채우기 더 쉽게 하려고 그 부분을 모호하게 남겨두지 않았나 싶다.

당신의 가시는 무엇인가? 하나님께 무엇을 바꾸어달라고, 치료해달라고, 없애달라고 간구하였는가? 당신의 삶 속에서 약함을 인정할 수밖에 없게 만드는 것이 무엇인가?

나의 약점은 _____ 이다.

당신은 빈칸에 무엇을 쓰겠는가? 다시 말하지만, 이 책의 목적은 당신의 약함보다 은혜가 더 크다는 걸 배우게 하려는 것이 아니라, 당신의 약함 속에서 하나님의 능력을 받음으로써 그의 은혜를 경험하게 하는 것이다. 바울에게 그 가시가 무엇이었을까 생각해볼 때 당신의 약점을 기억해 두기 바란다.

>>> 바울의 가시

바울이라면 그 빈칸에 무엇을 적었을지 생각해보았다. 병약함이라는 단어를 썼을 수도 있다. 성경은 바울이 아주 잘 생긴 사람은 아니었을 거라는 힌트를 준다. 또한 그가 시력이 정말 나빴거나 심지어 간질병을 앓았을 수도 있음을 보여준다. 바울이 말하는 것이 육체적인 병약함이었다면 그는 하나님의 은혜가 더 크다는 걸 발견했을 것이다.

조니 에릭슨 타다(Joni Eareckson Tada)도 그와 비슷한 교훈을 배웠다. 십대에 그녀는 다이빙 사고로 사지 마비 환자가 되었다. 그 후로 그녀는 인기 있는 기독교 작가가 되었고, 한 기사에서 이런 이야기를 들려주었다.

> 정직은 항상 최선의 방책이지만, 특히 기독교 여성 콘퍼런스에서 쉬는 시간 동안 화장실에서 수많은 여성에게 둘러싸여 있을 때는 더 그렇다. 한 여성이 립스틱을 바르며 말했다.
>
> "오, 조니, 당신은 휠체어에 앉아 있을 때 늘 한결같아 보이고, 행복해 보여요. 나도 당신의 기쁨을 누릴 수 있으면 좋겠어요!"
>
> 그러자 그녀 주변에 있던 몇몇 여성들이 고개를 끄덕였다. 그녀가 립스틱 뚜껑을 닫으며 "비결이 뭐예요?" 물었다.
>
> "그렇지 않아요. 내가 오늘 아침에 어떻게 일어났는지 솔직하게 말해줄까요? 이게 평범한 일상이에요."
>
> 나는 숨을 깊이 쉬었다.
>
> "내 남편, 켄이 새벽 6시에 일을 하러 나가면, 난 7시에 현관문 열리는 소리가 날 때까지 혼자 있어요. 그때 한 친구가 나를 일으켜주러 오지요.

그녀가 커피 타는 소리를 들으면서, 저는 이렇게 기도해요. '오, 주여, 제 친구가 곧 저를 씻기고, 옷을 입히고, 의자에 앉혀주고, 머리를 빗기고 이를 닦아주고, 문밖으로 내보내겠지요. 저는 다시 한번 이런 일상에 직면할 힘이 없습니다. 저에겐 아무 자산도 없습니다. 하루 동안 지을 미소도 없습니다. 하지만 하나님께는 있습니다. 제가 당신의 것을 가져도 될까요? 하나님, 저에게 당신이 간절히 필요합니다'라고요."

"그럼 당신 친구가 침실로 들어오면 어떤 일이 생기죠?"

그중 한 사람이 물었다.

"난 그녀를 향해 고개를 돌리고, 하늘에서 바로 보내준 미소를 그녀에게 지어 보입니다. 그건 내 것이 아니에요. 하나님의 것이죠. 그리고…"

나는 나의 마비된 다리를 가리키며 말했다.

"오늘 당신이 보는 기쁨이 무엇이든 간에, 그건 오늘 아침에 힘들게 얻은 거였어요."

나는 우리가 연약할수록 더욱더 하나님께 의지할 필요가 있다는 걸 배웠다. 그리고 우리가 하나님께 의지할수록 하나님이 더 강해지시는 걸 발견한다.[2]

당신이 어떤 질병을 없애달라고 하나님께 간구했는데 하나님이 들어주지 않으신 적이 있었는지 궁금하다. 또 그것이 당신을 더욱더 하나님께 의지할 수밖에 없게 만들었는지 궁금하다.

바울이 그 빈칸에 적었을 가능성이 있는 또 다른 단어는 무능력이다. 이것이 그의 '가시'였는지는 알 수 없지만 바울은 자신이 유창하거나 설득력 있게 말하지 못한다는 얘길 여러 번 했다. 이 경우에는 하나님의 은혜가 바울의 삶 속에 아주 강력하게 임하셔서, 오랫동안 그는 기독교를 전하는 주요 대변인이 되었고 신약성경의 절반 가량을 썼다. 우리가 약할 때 하나님은 강하시다.

나는 다소 내향적인 나의 성향에 대해 생각한다. 너무 오랫동안 너무 많은 사람에 둘러싸여 있으면 진이 빠지기도 한다. 나는 그렇지 않았으면 좋겠다. 그것이 내가 씨름하는 문제다. 솔직히 말하면, 그것이 내게 힘든 싸움이라는 사실 자체와 싸우고 있다. 나는 하나님이 나를 목회자로 부르셨다고 믿으며, 목회자로 산다는 것은 종종 많은 사람에 둘러싸여 있는 것을 의미한다. 나와 함께 일하는 목회자들 중에는 그런 환경에 정말 잘 적응하고, 다른 사람들에게서 에너지를 얻는 이들이 있다. 나는 그들이 부러웠고, 하나님께 내가 좀더 외향적인 사람이 되도록 도와달라고 간구했다.

하지만 하나님은 들어주지 않으셨다. 나는 내가 목회자가 되기 위해 '필요한 조건을 갖출' 수 있는 유일한 길은 하나님께 의지하고 의도적으로 하나님 안에서 힘을 얻는 것임을 알게 되었다. 또한 예기치 못한 놀라운 방법으로 그것을 사용함으로써 나의 약함 속에 하나님의 능력이 있음을 깨닫게 되었다.

어떤 무능력이 당신을 괴롭히는가? 어쩌면 그것은 당신이 달라지길 원하는 부분일 수도 있지만, 바로 그 부분에서 하나님의 능력이 당신을 가장 크게 사용하실 수도 있다.

바울이 그 빈칸에 적었을지도 모르는 또 다른 단어는 부족함이다. 바울은 때때로 자신감이 부족한 모습을 나타낸다. 그는 "난 역부족이야"라는 결론에 도달할 수밖에 없는 상황에 봉착했다. 그는 사역 중에 겪은 어려움과 하나님이 그에게 주신 소명 가운데서 자신이 부족하다고 느꼈던 것에 관해 이야기한다.

고린도후서 1장 8절에서 바울은 "힘에 겹도록 심한 고난을 당하였다"고 설명한다. 그는 아령의 무게가 자기가 들어 올릴 수 있는 한도를 초과한다는 걸 안다. 그는 자기 자신에게 솔직하고 자신의 능력으로는 받은 사명을 수행할 수 없다는 걸 인정할 만큼 겸손하다. 그렇다면 왜 하나님은 이런 부조화가 생기게 하신 걸까?

9절에서 바울은 이 질문에 답을 준다.

> 이는 우리로 자기를 의지하지 말고 오직 죽은 자를 다시 살리시는 하나님만 의지하게 하심이라 고후 1:9

하나님의 능력은 약함에 이끌린다. 그의 은혜는 곤경에 처한 자들에게 달려온다.

당신이 빈칸을 무엇으로 채우든, 당신의 가시가 무엇이든 간에, 하나님의 은혜가 그보다 더 크다.

>>> 약함을 기뻐하라

자신의 약점을 나타내는 그 빈칸에 바울이 어떤 단어를 적어 넣었을지 정확히 알 수는 없다. 다만 그는 하나님의 은혜가 항상 충분하다는 것을 분명히 나타낸다.

나에게 이르시기를 내 은혜가 네게 족하도다 이는 내 능력이 약한 데서 온전하여짐이라 하신지라 그러므로 도리어 크게 기뻐함으로 나의 여러 약한 것들에 대하여 자랑하리니 이는 그리스도의 능력이 내게 머물게 하려 함이라 그러므로 내가 그리스도를 위하여 약한 것들과 능욕과 궁핍과 박해와 곤고를 기뻐하노니 이는 내가 약한 그 때에 강함이라

고후 12:9,10

"내 은혜가 족하도다"라는 구절은 다른 번역본을 보면 "내 은혜가 항상 충분하다"라고 되어 있다. 그리고 약함 속에서 그의 능력이 온전해진다고 말한다. 즉 그것이 우리의 빈칸을 채워주는 것이다. 빈칸이 넓을수록 더 많은 하나님의 은혜와 능력이 나타날 수 있다.

은혜는 바울이 자기의 약함을 기뻐할 수 있게 해주었다. 약함을 기뻐하는 것은 더 많은 은혜가 그의 삶에 쏟아져 들어오도록 수문을 열어주었고, 그것은 더욱더 그의 약함을 기뻐하게 해주었다.

바울의 가시는 그에게 은혜가 필요하다는 것을 인식할 수 있는 만큼만 하나님의 은혜를 받을 수 있다는 걸 깨닫도록 도와주었다. 그 진리에 대한 바울의 경험이 "그의 약함을 기뻐하도록" 이끌었다. 하나님께서 바울이 약할 때 그분이 하실 수 있는 일을 보여주시고 자랑할 수 있게 해주시기 때문에, 바울은 자신의 능력보다 약함을 기뻐하게 되었다. 약함을 인정할 때 삶에 하나님의 임재와 능력이 들어오게 된다.

>>> 능력의 원천

최근에 자리의 중요성을 과장하는 직함을 사용하는 추세가 점점 더 커

지는 것을 보면서, 우리 문화가 강함을 얼마나 칭송하는지 알게 되었다. 큰 제도 안에서 어떤 사람이 과장된 직함을 사용하는 것은 큰 문제가 아니지만, 그것이 도를 넘을 때가 있다. 다음은 내가 수집한 몇 가지 예들이다.

- '소매 판매원'에게 '소매계의 제다이(스타워즈에 나오는 기사)'라는 직함을 부여하는 광고
- 어느 '마케팅 매니저'가 나에게 '마케팅계의 록스타'라는 직함이 쓰인 명함을 건네주었다.
- 내 친구는 '소셜미디어 매니저' 대신 '소셜미디어의 구루(Guru)'로 고용되었다.
- 인터넷을 보면 많은 '재무관리자'들이 '회계 닌자' * 치명적이지만 지루한 암살자들. 선택한 무기: 엑셀 라는 직함을 선택한 것을 발견할 것이다.

이와 같은 직함을 사용하는 것이 관심을 끄는 것은 이해하지만, 그것이 열심히 일하는 모든 제다이, 록스타, 구루, 닌자들에게 적합해 보이지는 않는다. 하지만 이해한다. 내 안에도 '설교계의 제다이'나 '리더십의 귀재' 또는 '섬기는 록스타'가 되고 싶은 마음이 있을 것이다.

우리는 강한 것을 사랑한다. 그것이 바뀔 수 있을지는 잘 모르겠어서, 진지하게 다음과 같은 질문을 제시한다.

- 당신은 어디서 강한 힘을 발견하는가?
- 당신은 얼마나 강해지길 원하는가?

어쩌면 자신의 의지력 저장소에서 그것을 발견할 수 있겠지만, 아마 지금까지 살면서 거기에 당신이 이용할 수 있는 힘이 많지 않다는 걸 알았을 것이다. 하나님은 당신이 하나님 안에서 힘을 발견하기 원하신다. 무한한 힘을.

우리는 성경 전체를 통해 이것을 본다. 모세, 기드온, 엘리야, 사도들, 바울, 모두 부르심을 받고 겁을 먹었다. 하지만 하나님은 같은 말로 그들을 각각 안심시켜주셨다. "내가 너와 함께하리라"고 하나님은 말씀하신다.

"내가 필요한 걸 다 갖고 있으니 너는 부족해도 괜찮다. 내가 너와 함께할 것이다."

하나님의 은혜로, 우리의 약함 속에서 그의 강함이 가장 잘 나타난다.

>>> 흘려보내라

눈을 감고 한번 상상해보라. 아, 눈을 감은 상태로 책을 읽을 수 없으니 할 수 없겠지만, 그래도 이런 상상을 해보자.

당신이 평범한 컵을 하나 들고 있다. 그 컵은 비었고, 그 빈 상태가 바로 당신의 약함을 나타낸다. 어떤 사람이 당신을 가까운 호스로 데려간다. 매우 높고 긴 벽에서 나온 호스였다. 당신은 반대쪽을 볼 수 없지만, 수도꼭지가 제대로 작동해서 수도꼭지를 트니까 호스로 물이 나오기 시작한다. 물이 콸콸 쏟아지는 건 아니고 그냥 가늘게 흐르는 정도다. 당신은 적어도 컵을 채울 만큼은 물이 나왔으면 한다. 물은 컵을 끝까지 채우고는 멈춘다. 딱 좋았다.

이것이 무엇을 상징하는지 이해했는가? 물은 하나님의 은혜, 정확히 우리에게 필요한 것을 나타낸다. (나는 항상 사람들이 나의 비유를 이해하지 못할까 봐 걱정이다.)

시간이 지나, 당신이 그 호스로 다시 왔다. 이번에는 컵 대신 빈 양동이를 가지고 왔다. 양동이는 건강을 꽤 염려한다든지 약간 경제적 문제가 있는 것을 상징한다고 하자. 실제로 당신은 힘이 좀 필요하다. 이것은 딱 적당한 크기의 양동이다. 당신이 수도꼭지를 틀자 다시 물이 나온다. 점점 양동이 바닥을 채우고 차올라, 다시 한번 가장자리까지 채우고는 멈췄다. 어떻게 알았을까?

다시 시간이 흐른다. 이번에는 텅 빈 외바퀴 손수레를 끌고 옛날 그 호스로 왔다. 어쩌면 당신은 실직을 했고 자신감도 잃었을 것이다. 아니면 결혼생활이 생각보다 더 나쁜 상태에 이르렀는지도 모른다. 어쩌면 장애를 가진 자녀 때문에 힘이 들 수도 있다. 수도꼭지를 돌린다. 다행히 아직 배관이 멀쩡하다. 익숙한 소리와 함께 물이 나오고, 손수레에 물이 차기 시작한다. 당신은 물이 어디서 멈추는지 알고 있다. 그리고 안도의 한숨을 쉰다. 이번에도 딱 필요한 만큼 물을 받았다.

다음엔 트레일러를 몰고 오는데, 뒤에 그만한 크기의 물탱크가 딸려온다. 이것은 큰일이다. 방사선 치료를 받거나, 자녀가 감옥에 들어갔거나, 불륜 문제가 있거나 그런 것이다. 당신은 물을 튼다. 물이 탱크 안으로 흘러들어가기 시작한다. 당신은 물이 충분치 않을 거라고 생각하지만, 물은 계속 나온다. 몇 시간 동안 물이 흐르고, 물탱크에 단 한 방울도 더 담을 수 없을 때 호스가 마른다.

하나님의 은혜는 이렇게 역사한다. 항상 충분하다. 당신이 아무리 빈 통을 하나님께 가져와도 그만큼 은혜를 부어주신다. 우리가 비어 있을수록 하나님의 은혜를 더 많이 받을 수 있다. 우리가 연약할수록 하나님의 능력을 더 많이 발견할 수 있다. 바울이 그의 약함을 기뻐할 수 있다고 말한 것이 그 때문이다.

>>> 포기해야 할 때

몇 년 전에 가족과 함께 장거리 자동차 여행을 하고 있었다. 우리는 몇 시간을 달려서 새벽 2시쯤 호텔 주차장에 차를 댔다. 나는 아내와 아이들을 깨웠다. 우리는 좀비 같은 상태로 호텔에 들어갔다. 내 아들은 그때 4살이었는데, 여행 내내 자기 가방을 들고 다니겠다고 우겼다. 한창 자기의 힘을 보여주고 싶어 하는 나이여서 아무 때나 근육을 불룩거리며 자랑하거나, 무거운 물건을 들면서 자기가 할 수 있다는 걸 보여주려 했다. 그래서 비록 반쯤 잠든 상태였지만 아들은 트렁크에서 자기 가방을 꺼내 어깨에 메고 비틀거리며 천천히 주차장을 가로질러 가기 시작했다.

나는 가방 몇 개를 들고 뒤따라가는데, 갑자기 아들이 주차장 한가운데서 걸음을 멈추더니 어깨에 멨던 가방을 바닥에 툭 떨어뜨렸다. 아이는 겨우 눈을 뜨고 있었다. "어이 친구, 가방을 대신 들어줄까?"라고 묻자, 아들은 너무 피곤해서 대답도 못 하고 고개만 끄덕였다. 아들의 가방을 어깨에 메고 몇 걸음 걷다가 뒤를 돌아보니 아들이 꼼짝도 안 하고 있었다. 아들은 너무 지쳐서 어깨를 축 늘어뜨리고 고개를 숙이고 있었다. 괜찮냐고 물었더니, 나를 쳐다보지도 않고 이렇게 물었다.

"저도 안고 가주실래요, 아빠?"

나는 아들을 번쩍 들어 올려 품에 안고 호텔을 향해 갔다.

나는 아들이 자기의 힘이 얼마나 센지 우리에게 보여주고 싶어 했다는 걸 안다. 하지만 너무 피곤하고 힘이 없어서 더 걸을 수도 없는 상태에 이르렀다. 그때 아버지로서 나는 아들에게 실망하거나 화가 나지 않았다. 사실은 그 순간에 내가 아이를 도와줄 수 있다는 것이 기뻤다. 아이는 더 이상 걸을 수 없을 것 같았다. 꼭 가방을 떨어뜨리고 도움을 청해야만 했던 것은 아니다. 끝까지 자기가 들고 가겠다고 우길 수도 있었다. 하지만 자신의 약함을 인정하지 않을수록 더 오랫동안 도움을 받지 못했을 것이다. 들고 가던 짐을 내려놓는 순간, 은혜가 그의 가방뿐 아니라 그 또한 안고 간다는 것을 알게 되었다.

당신이 필요한 것을 갖추지 못했다는 걸 깨닫는 순간만큼 하나님의 은혜를 경험하기 좋은 때가 없다.

나의 죄악
수치 후회 상처
원망 보복 분노
시기 연약 저주

나의 큰 절망보다
더 큰 소망의 은혜

>>>

　1921년 스웨덴 출신의 선교사 데이빗(David)과 스베아 플러드(Svea Flood) 부부는 두 살짜리 아들과 함께 아프리카 중심부로 갔다. 당시 벨기에령 콩고라고 불리던 곳이었다. 그들은 또 다른 선교사 부부를 만났고, 그 네 사람은 사람들이 예수님에 대해 전혀 들어본 적이 없는 외딴 지역에 복음을 전하기로 했다.

　그들이 도착했을 때 안타깝게도 그 부족의 족장은 그들이 마을에 들어와 사는 것을 허락해주지 않았다. 그래서 그들은 약 1.5킬로미터 정도 떨어진 곳에서 살아야 했고, 그 마을에서 접촉할 수 있는 건 한 소년뿐이었다. 족장이 그들에게 음식을 팔러 가도록 허락해준 소년이었다. 스베아는 결국 그 소년이 예수님을 믿도록 인도했으나, 그것이 그들의 유일한 성과였다. 그 마을에서 다른 사람은 아무도 접촉하지 못했다. 마침내 다른 부부는 말라리아에 걸려 그곳을 떠나고, 플러드 부부만 그곳에 남았다. 그리고 얼마 되지 않아, 임신 중이던 스베아도 말라리아에 걸렸다. 그녀는 아기를 낳은 후 며칠 만에 죽었다.

　그녀의 남편은 대충 무덤을 파서 27살의 아내를 묻고 선교단체 본부로 돌아갔다. 그는 갓 태어난 딸을 그곳 선교사들에게 맡기며 이렇게 말했다.

"전 스웨덴으로 돌아가겠습니다. 전 아내를 잃었고 이 아기를 돌볼 수도 없습니다. 하나님이 제 인생을 다 망쳐놓으셨어요."

그는 아들을 데리고 떠났고 선교사들은 그의 딸을 입양하여 미국으로 데리고 가서 키웠다.

이 대목에서 나는 그런 믿음을 가진 사람이 왜 이런 식으로 반응했을까 하는 의문을 갖지 않을 수 없었다. 나는 이런 실망과 마음의 고통을 다루어야 했던 적이 없지만, 정말 감당하기 힘든 고통이었을 것 같다. 그의 삶은 수습할 수 없을 정도로 완전히 망가진 듯했다. 그의 관점에서 볼 때 그의 이야기는 이렇게 끝난 것이었다. 그러한 상실을 돌이킬 방법은 없었다.

>>> 끝일까 중간일까?

내가 어릴 때 《네 맘대로 골라라》(Choose Your Own Adventure)라는 어린이 책 시리즈가 꽤 인기를 끌었다. 이야기마다 독자가 각기 다른 지점에서 몇 가지 결말 중 하나를 고를 수 있게 되어 있었다. 그러니까 이야기가 이런 방향으로 진행되기 원하면 73페이지로 가고, 다른 방향으로 가기 원하면 96페이지로 가는 식이었다. 73페이지를 선택해서 읽다가 줄거리 전개가 마음에 들지 않으면 거기서 멈추고 다른 결말을 선택하면 된다.

이 책들은 몇 년 동안 2억 5천만 부 넘게 팔렸다. 나는 그 시리즈가 인기를 끈 것이 놀랍지 않다. 우리는 대부분 자기가 통제할 수 있는 이야기를 더 좋아하기 때문이다. 우리는 우리의 상황을 바꾸고 결과를 직접 결정할 수 있는 걸 좋아한다. 만약 인생에서 다른 길을 선택할 기회가 주어져서 역경과 어려움을 피할 수 있다면 정말 좋을 것이다.

마침내 우리는 모두 자신의 이야기 속에서 계속 읽고 싶지 않은 지점에 이른다. 도전이 너무 압도적이다. 관계가 너무 많이 깨졌다. 너무 불가능한 상황이 벌어졌다. 고통이 너무 크다. 나는 데이빗 플러드가 그런 지점에 이르렀다고 생각한다.

당신은 그와 같은 지점에 이른 적이 있는가? 당신이 할 수 있는 만큼 최대한 오래 참고 견뎌보지만, 결국은 고통이 너무 커져서 감당할 수가 없다. 여기서 나는 이렇게 묻는다. 만약 이야기의 끝인 줄 알았던 것이 사실은 중간 부분이었다면 어떨까?

하나님이 당신의 이야기를 쓰신 저자이실 때 당신은 하나님의 은혜가 최종 결정을 내릴 거라고 믿을 수 있다. 하나님의 은혜는 무엇이든 구속할 수 있다. 하나님의 은혜의 능력에 관한 가장 아름다운 구절 중 하나가 로마서 8장 28절이다.

우리가 알거니와 하나님을 사랑하는 자 곧 그의 뜻대로 부르심을 입은 자들에게는 모든 것이 합력하여 선을 이루느니라 롬 8:28

바울은 우리 이야기의 저자요 우리 삶을 인도하시는 이가 믿을 만한 분이시며, 우리가 지금 읽고 있는 장이 아무리 나빠 보여도 그분이 좋은 결말로 이끌어가실 거라고 말한다. 그것이 은혜의 약속이다. 하지만 솔직히 말해보자.

당신이 고통 받는 당사자일 때,

당신의 건강이 무너지고 있을 때,

당신의 결혼생활이 허물어질 때,

당신의 자녀가 힘들게 몸부림치고 있을 때,

당신의 직장이 없어져 버렸을 때,

그리고 그 고통이 너무나 클 때,

하나님의 은혜가 선을 이룰 수 있다는 사상은 기껏해야 순진하게 보일 뿐이고, 불쾌하게 느껴질 가능성이 더 크다. 고통이 너무나 크게 느껴질 때 진부한 말은 우리의 기분을 좋아지게 하는 데 별로 도움이 되지 않는다.

이 약속은 분명 그것을 처음 받은 로마의 그리스도인들에게 믿기 어려운 말로 들렸을 것이다. 그들은 신앙 때문에 그들의 직장과 가족 관계, 심지어 생명까지 잃을 수도 있는 상황에 직면했다.

바울은 환난이나 곤고, 박해, 기근, 적신, 위험, 그리고 칼을 언급할 때 그들이 직면한 어려움을 어느 정도 알고 있었다. 그는 "이 모든 일에 우리를 사랑하시는 이로 말미암아 우리가 넉넉히 이기느니라"(37절), 그리고 아무것도 "우리를 우리 주 그리스도 예수 안에 있는 하나님의 사랑에서 끊을 수 없으리라"(39절)고 그들을 안심시킨다.

바울은 이 그리스도인들이 당시 상황이 아무리 절박해 보여도 하나님의 사랑과 은혜가 이기리라는 것을 이해하기 원한다.

그는 맹목적 낙관주의를 요구하지 않았다. 그는 "모든 일들 속에서 하나님이 선을 이루실 거라고 생각한다"고 말하지 않는다. "또 우리가 믿거니와/바라거니와/확신하거니와…"라고 말하지 않는다. 그는 "우리가 알거니와 하나님을 사랑하는 자 곧 그의 뜻대로 부르심을 입은 자들에게는 모든 것이 합력하여 선을 이루느니라"고 말한다.

나는 "우리가 알거니와"라고 번역된 헬라어 단어를 찾아보고서 그것이 절대적이고 흔들리지 않는 확신을 뜻한다는 걸 알았다. 바울은 삶에서 하나님 은혜의 구속 역사를 희미하게나마 본 자로서 확신을 가지고 말하고 있다.

"우리가 알거니와"로 번역된 이 단어는 로마서 8장에서 다시 한 번 사용된다. 22절에서 바울은 이 삶의 고통과 이 세상이 어떻게 이렇게 어지러운 곳이 될 수 있었는지 이야기하고 있다.

> 피조물이 다 이제까지 함께 탄식하며 함께 고통을 겪고 있는 것을 우리가 아느니라 롬 8:22

다시 말해서, 바울은 두 가지가 절대적으로 확실하다고 말하고 있다.

1. 삶은 힘들다(22절).
2. 하나님은 선하시다(28절).

바울은 이 두 가지 진리에 대해 흔들림 없는 확신을 갖고 있다. 하지만 때로는 그 둘 사이의 간격이 영원처럼 멀게 느껴진다.

>>> 그냥 계속 읽으라

우리 둘째 딸은 책 읽는 걸 좋아한다. 소설을 읽을 때는 이야기에 빠져 들어 등장인물들에 감정이입 되곤 한다. 더 어릴 때는 책을 중간쯤 읽다가 너무 스트레스를 받아서 읽기를 중단하는 경우도 많았다. 내가 그런 딸아이를 격려하면서 한 말이 있는데, 그 말이 지금 이 시점에서 당신이 들어야 할 말인지도 모른다.

"그냥 계속 읽어봐."

이야기는 아직 끝나지 않았다. 마지막 장은 아직 쓰이지 않았다. 저자를 믿으라. 만일 당신이 "인생은 힘들다"라는 제목의 장을 읽고 있다면, 곧 "하나님은 선하시다"라는 장을 읽게 될 것을 확실히 알 수 있다. 그냥 계속 읽어보라.

이 모든 것이 나에게 2014년 동계올림픽을 떠올리게 한다. 올림픽이 러시아에서 열렸기 때문에 대부분의 미국인이 자는 동안 경기를 했다. 나는 TV에 방송되기 전에 각 경기에서 누가 이겼는지 미리 알아내지 않으려고 했으나 어려운 일이었다.

어느 날 밤에는 가족이 모여 커플 아이스댄싱을 보고 있었다.* 나는 거만한 사람이 아니다. 나는 이 경기에서 미국 선수 메릴 데이비스(Meryl Davis)와 찰리 화이트(Charlie White)가 미국의 첫 금메달을 땄다는 걸 미리 기사로 읽어서 알고 있었다. 하지만 가족들은 내가 그걸 이미 알고 있다는 걸 몰랐다.

미국 선수들이 아이스댄싱 연기를 했을 때 나는 이건 반드시 금메달 감이라며 확신을 표현했다. 내가 아이스댄싱의 복잡한 부분들을 잘 이해하고 있다는 인상을 딸들에게 주려고 했다. 데이비스와 화이트가 금메달을 땄다는 발표가 났을 때 우리 아이들이 아빠가 아이스댄싱의 전문가였다는 사실을 자랑스러워했는지 당혹스러워했는지는 알 수 없었다. 솔직히 말하면 끝나기 전에 결말을 미리 알고 있는 것이 참 재미있었다.

나만 그런 게 아니다. UC 샌디에이고의 연구원 2명이 진행한 연구는 스포일러들이 실제로 이야기를 망치는 것이 아니라는 사실을 보여주었다. 그들은 12개의 이야기를 가지고 3가지 실험을 했다. 그 결과 사람들이 마음을 졸이며 이야기를 읽을 때보다 결말이 미리 알려졌을 때 더 일관되게 이야기를 즐긴다는 걸 알게 됐다. 연구원 중 1명은 사람들이 결말에 이르기 전에 미리 이야기의 결말을 알고 싶어 하는 이유에 대해 흥미로운 이론을 제시했다. 그는 이렇게 말했다.

"일단 결과가 어떻게 될지 알면 인지적으로 더 편안해져서 안심하고 정보를 받아들이게 된다. 그러면 이야기를 더 깊이 이해하는 데 집중할 수 있기 때문일 것이다."[1]

그의 말이 맞을지도 모른다. 어떤 이야기의 결말이 알려졌을 때 흐름을 따라가고 이해하기가 더 쉬워진다. 긴장감은 좀 없어지지만, 어쩌면 이야기가 어떻게 끝날지 알기 때문에 단지 과정을 참고 견디는 것이 아니라 실제로 과정을 즐길 수 있는 것일지도 모른다.

바울은 결말을 미리 폭로하는 건 아니지만, 우리에게 그 이야기가 어떻게 끝나는지를 말해준다. 우리는 은혜로 말미암아, 하나님을 사랑하는 자 곧 그의 뜻대로 부르심을 입은 자들에게는 모든 것이 합력하여 선을 이룬다는 것을 안다.

때로는 그냥 계속 읽어야 한다.

>>> 데이빗 플러드의 이야기

이제 데이빗 플러드의 이야기를 끝까지 해보겠다. 스웨덴 선교사인 그는 아내와 어린아이를 데리고 아프리카까지 갔지만 단지 한 아이가 믿음을 갖는 것밖에 보지 못했다. 그런데 아내가 딸을 낳고 말라리아로 세상을 떠났다. 하나님께 화가 난 데이빗은 아내를 땅에 묻고, 미국에서 온 선교사 부부에게 갓난아기를 주고 어린 아들과 함께 스웨덴으로 돌아갔다.

그 딸은 애기(Aggie)라는 이름을 갖게 되었고 미국에서 그리스도인 부모와 함께 성장했다. 어느 날 그녀는 우편함을 살피다가 어찌된 일인지 모르겠지만 스웨덴 잡지 한 권을 발견했다. 잡지를 휙휙 넘겨보는데 하얀 십자가가 있는 투박한 무덤 사진 한 장이 그녀를 멈추게 했다. 십자가에는 '스베아 플러드'라는 이름이 적혀 있었다. 그녀는 자기 어머니의 이름을 알아보았다. 그녀는 사진과 함께 실린 이야기를 번역해줄 수 있는 사람에게 그 잡지를 가져갔다. 애기는 가만히 앉아서, 자기 어머니가 선교사로서 했던 사역에 관해 들었다.

얼마 후 그녀는 아버지를 찾으러 스웨덴으로 갔다. 데이빗은 재혼해서 네 명의 자녀를 더 두었고, 술 때문에 삶은 엉망이 되어 있었다.

이복형제, 자매들과 감동적인 만남을 가진 후, 애기는 아버지를 만나고 싶다는 이야기를 꺼냈다. 그들은 약간 머뭇거리다가 이렇게 설명했다.

"아버지와 얘기를 나눌 순 있어. 하지만 아버지가 많이 아프셔. 그리고 반드시 알아두어야 할 것은, 아버지가 하나님의 이름을 들을 때마다 버럭 화를 내신다는 거야."

애기는 단념하지 않았다. 그녀는 그의 작은 아파트로 걸어 들어갔다. 빈 술병이 사방에 널려 있었다. 애기는 오래전에 자신을 버린 73세의 아버지에게 다가갔다. 그녀가 "아빠?"라고 말하자마자, 그는 눈물을 흘리며 거듭 사과를 하기 시작했다. 그녀는 웃으며 말했다.

"괜찮아요, 아빠. 하나님께서 저를 보살펴주셨어요."

그 순간 그의 표정이 굳어지더니 눈물이 멈추었다.

"하나님은 우리 모두를 잊으셨어."

그는 벽으로 얼굴을 돌리며 말했다.

"우리 삶이 이렇게 된 건 다 하나님 때문이야."

"아빠, 아빠에게 들려드릴 얘기가 있어요. 실화예요. 아빠와 엄마가 하나님께 인도했던 그 어린 소년이 자라서 마을 전체를 예수님께 인도했어요. 아빠가 뿌리신 씨앗이 계속 자라고 또 자랐던 거예요. 아빠가 하나님의 부르심에 충실히 따르셨기 때문에 지금 600명도 넘는 아프리카 사람들이 하나님을 섬기고 있어요. 아빠가 아프리카에 간 것은 결코 헛된 일이 아니었어요. 엄마의 죽음도 헛되지 않았어요. 아빠, 예수님은 아빠를 사랑하세요. 한 번도 아빠를 미워하신 적이 없어요."[2]

데이빗은 너무 놀라 정신이 멍해졌다. 근육에 긴장이 풀렸고, 그들의 대화는 계속되었다. 그날 그는 수십 년 동안 원망했던 하나님께 돌아왔고, 몇 주 후에 죽음의 문을 지나 하늘에 계신 하나님과 함께 영원한 집으로 들어갔다.

나는 데이빗 플러드가 이 땅에서 사는 마지막 몇 주 동안 하나님께서 행하신 일에 감사드린다. 하지만 그가 하나님의 선하심에 대한 믿음을 잃지 않았더라면 그의 고통을 훨씬 더 잘 다룰 수 있었을 거라는 생각을 하지 않을 수가 없다. 하나님의 은혜가 더 크다는 것을 믿기만 했더라면. 그가 책을 덮어버리는 대신 그냥 계속 읽어갔다면 어떻게 되었을까?

>>> 선善에 대한 하나님의 정의

우리가 삶 속에서 하나님의 은혜가 선을 이루고 있다는 것을 믿기 힘들어하는 이유 중 하나는 '선'이라는 단어에 대한 우리의 정의 때문이다. 우리는 하나님이 우리의 선을 위해 어떻게 행하셔야 한다는, 자신만의 생각을 갖고 있다. 그것은 암의 완치 소식부터 연착되지 않는 비행기까지 다양한 범위에 이른다.

몇 년 전에 나는 운전면허증이 만료되었다는 걸 알았다. (경찰관이 내게 그것을 설명해주었을 때 알았다.) 나는 새 운전면허증을 발급 받기 위해 차량국(DMV)에 갔다가, 내 면허증이 만료된 지 너무 오래되어서 시험을 다시 봐야 한다는 얘길 들었다. 차량국에서 16살짜리 아이들과 함께 운전면허 시험을 보면서 오후를 보내는 것은 계획에 없던 일이었지만, 걱정이 되지는 않았다. 10년 넘게 운전을 해왔고, 시험을 가볍게 통과할 거라는 확신이 있었기 때문이다.

하지만 시험을 보기 시작했을 때 내가 곤란한 상황에 처했음을 금세 깨달았다. 담당자에게 시험지를 내자, 그녀는 바로 내 앞에서 채점을 하기 시작했다. 그녀는 빨간 펜을 꺼냈고, 나는 몇 문제나 틀렸는지 세기 시작했다. 급기야 한 문제만 더 틀리면 나는 시험에 떨어질 판이었다. 도저히 받아들일 수 없는 결과였다. 나는 차량국에서 아내에게 전화를 걸어 "날 좀 데리러 와줄래? 운전면허 시험에서 떨어졌어."라고 말하는 것을 상상해보았다. 그것은 지금까지 그녀가 나의 운전에 대해 말한 모든 것을 확증해주는 결과일 것이다. 나는 그런 결과를 듣고 싶지 않았다. 담당자가 채점을 마쳤을 때 나는 기도하기 시작했다.

'예수님, 정말로 지금 듣고 계신다면…'

그녀는 마지막 질문을 가리키면서 살짝 웃는 얼굴로 나를 쳐다보며 말했다.

"이 문제의 답을 B에 표시하려고 하신 건가요?"

나는 갑자기 하나님이 나의 삶 속에서 역사하고 계신 것을 느꼈다. 차량국 사무실은 평소에 그가 자주 나타나시는 곳이 아니지만, 그날은 그곳에 나타나셨다.

나는 질문을 보았지만, 여전히 정답이 무엇인지 확신할 수가 없었다. 그래서 일부러 시간을 끌기 시작했다.

"내가 B에 표시를 하려고 했나? 그건 아닌 것 같은데…"

그녀는 내가 애쓰고 있다는 걸 알았을 것이다.

"C에 표시를 하려고 했던 거예요?"

"아, 당신이 C라고 말하기 직전에 저도 C라고 말하려고 했어요. 바로 그렇게 말하려던 참이었어요."라고 내가 말했다. 그녀는 B에 선을 긋고 C에 동그라미를 쳤다. 하나님은 모든 것이 합력하여 선을 이루게 하신다.

나는 하나님께서 나의 선을 위해 일하고 계신다면 내게 일어나는 모든 일이 선에 대한 나의 정의에 따라 이루어져야 한다고 생각하는 경향이 있다. 차량국에 갔던 그날처럼 말이다. 하지만 별로 좋지 않은 일이 내게 일어나면, 하나님이 약속을 지키고 계신 것처럼 느껴지지 않는다. 우리는 하나님께서 우리의 선을 위해 일하신다면 우리가 고통을 경험하지 않고 어떻게든 이 세상의 고난을 면제받을 거라고 생각하곤 한다. 하지만 하나님은 선에 대해 그와 다른 정의를 내리신다.

>>> 은혜의 선함

그렇다면 선에 대한 하나님의 정의는 무엇일까? 하나님의 은혜가 당신의 삶 속에 선한 것을 이루기 위해 당신의 고통 가운데서 역사한다는 것을 알 수 있도록 몇 가지 예를 제시해보겠다.

 # 하나님의 은혜가 당신의 고통 속에서 역사하여
당신을 예수님께 더 가까이 이끄시는 것을 알 수 있다
하나님은 우리의 고통을 헛되게 하지 않으시며, 그것을 사용하시고 그 안에서 역사하셔서 우리의 마음을 그분께로 더 가까이 이끄실 수 있다. 리빙 바이블(The Living Bible)이 고린도후서 7장 10절을 어떻게 풀어썼는지 보자.

> 하나님은 때때로 우리 삶 속의 슬픔을 사용하여 우리가 죄에서 떠나 영생을 추구하도록 도와주신다 고후 7:10, 역자 사역

나는 바로 이런 일이 우리 대부분에게 일어나고 있다고 생각한다. 우리는 믿기 어려울 정도로 힘든 일을 겪으면서, 그 가운데서 전에는

알지 못했던 예수님을 비로소 새롭게 발견하게 되는 것이다. 당신에게 일어난 최악의 일이라고 생각했던 것이 결국은 당신에게 가장 좋은 일이 된다. 그것이 당신을 예수님께 가까이 이끌었기 때문이다.

그것이 바로 은혜가 가져오는 변화다. 은혜가 항상 우리의 고통을 없애주지는 않지만, 더 좋은 일을 해준다. 즉 그것을 구속해주는 것이다. 우리는 고통 속에서, 다른 방법으로는 결코 알지 못했을 예수님의 임재를 발견하게 된다.

하나님의 은혜가 당신의 고통 속에서 역사하여
당신을 더욱더 예수님 닮게 하시는 것을 알 수 있다

하나님의 은혜는 우리 삶의 부서진 조각들을 모두 조합하여 우리가 더욱 예수님을 닮아가게 한다. 하나님이 우리의 삶 속에서 모든 일이 합력하여 선을 이루게 하신다고 약속한 후에, 바울은 더 나아가 하나님이 선을 이루시는 한 가지 방법을 설명해준다. 로마서 8장 29절을 읽어보라.

> 하나님이 미리 아신 자들을 또한 그 아들의 형상을 본받게 하기 위하여 미리 정하셨으니 롬 8:28

바울은 하나님이 "미리 아신" 자들에 대해 말한다. 하나님은 모든 것을 알고 계시며 그의 지식은 일렬로 늘어선 시각표에 국한되지 않는다. 그는 시간과 공간 밖에 살고 계시며, 모든 것을 동시에 보신다. 과거에 일어난 모든 일을 알고 계실 뿐 아니라 앞으로 일어날 모든 일들도 마치 이미 일어난 일들처럼 알고 계신다. 하나님이 "와, 그렇게 될 줄 몰랐는데."라고 말씀하시는 일은 절대 없을 것이다. 그분은 그런 예지력으로, 당신에게 일어날 일들을 모두 아신다. 그 일이 좋든 나쁘든, 혹은 기쁘거나 아니면 고통스러운 것이더라도…

그리고 우리는 하나님이 그 지식을 가지고 행하신 일을 듣는다. 즉 그는 우리가 그리스도의 형상을 닮아가게 하심으로써 삶의 모든 일이 우리의 선을 위해 역사하도록 미리 정하셨다. 당신이 어떤 일을 겪을지 아시고, 하나님이 그 모든 일을 사용하여 당신이 더욱 예수님을 닮게 하시려고 미리 결정하신 것이다. 그것은 당신의 고통에 항상 목적이 있음을 의미한다. 목적이 있는 고통과 무의미해 보이는 고통에는 큰 차이가 있다.

>>> 목적이 있는 고통

여러 해 전에, 내가 아직 젊고 어리석을 때 아내와 출산의 고통에 대한 토론을 했다. 그녀는 만약 남자들이 해산의 고통을 견뎌야 했다면 절대로 세상의 인구가 늘지 않았을 거라고 확신했다. 나는 조사를 통해, 그나마 신장 결석이 남자들에게 산고와 가장 비슷한 통증이라는 것을 알게 됐다. 순전히 육체적인 면에서, 신장 결석과 출산은 고통의 정도가 꽤 근접한 두 사건이다. 남자들에게 신장 결석이 꽤 자주 생긴다는 걸 알고, 나는 아내에게 이 증거를 제시하는 것이 가장 좋겠다고 생각했다. 그러면 종의 절반인 남성들이 고통을 견딜 수 있다는 걸 그녀가 어느 정도 인정할 거라 생각했다.

그녀는 그 증거를 생각해보더니, 이 연구를 한 사람은 10시간 넘게 진통을 하고 아이를 낳아본 경험이 없는 남자라는 사실을 지적했다. 하지만 그 다음에 매우 훌륭한 지적을 했다.

"고통을 선택하는 것과 선택의 여지가 없는 상황에는 큰 차이가 있어."

어떤 남자도 신장 결석이 발생하는 것을 선택한 적이 없지만, 여자들은 의식적으로 고통을 견디기로 선택하기 때문에 여자들이 더 강하다는 뜻이다. "난 신장 결석이 발생하는 게 기대돼."라고 말한 남자는 없었다.

나는 아내에게 그것을 인정하지는 않았지만, 그녀가 좋은 지적을 했다고 생각했다. 고통을 겪기로 선택하는 것은 어쩔 수 없이 고통을 겪는 것과는 다른 차원의 강인함이다. 문제는 이것이다. 왜 여자는 고통 겪는 것을 선택하는가? 그것은 그 고통에 목적이 있다는 것을 알기 때문이다.

그녀는 고통이 가져올 결과에 더 초점을 두기 때문에 기꺼이 고통을 감내한다. 실제로 극심한 산고를 겪은 후 여성은 이렇게 말한다.

"정말 참고 견딘 보람이 있었어요. 하나님이 나에게 또다시 임신의 축복을 주시길 기대해요."

하지만 신장 결석을 배출한 남성 중에 그런 말을 하는 사람은 아무도 없다.

출산의 고통이 신장 결석의 고통과 다른 점은 가치 있고 좋은 결과를 만들어낸다는 것이다. 고통에서 나오는 목적이 있다. 우리는 고통에 목적이 있다는 것을 확신할 수만 있다면 그것을 견딜 힘을 발견할 수 있다.

　바울은 우리에게 이런 확신을 주는 것이 하나님의 은혜임을 말해주고 있다. 우리의 고통 속에 있는 하나님의 은혜는 우리가 이 삶에서 어떤 고통을 겪더라도 그것이 헛되지 않으리라는 약속이다. 고통은 좋은 것을 낳을 것이다.

　수많은 사람들이 자신의 고통이 너무 크게 느껴질 때 해답을 찾으며 목사인 나를 찾아온다. 내가 종종 듣는 말 중에 하나는 이런 말이다.

　"모든 일에는 다 이유가 있다. 하나님께서 이 일이 일어나게 하신 이유가 있다는 걸 안다."

　삶의 고통이 우리를 압도할 때 우리는 필사적으로 그것을 이해하려 한다. 그 뒤에 감춰진 이유가 있다면, 고통이 그렇게 해롭지 않을 거라고 우리는 생각한다. 하지만 나는 정말 항상 이유가 있는지 잘 모르겠고, 이유가 있다 해도 우리가 항상 이해하지는 못할 거라고 확신한다.

　나는 사람들에게 그 질문을 재구성하도록 권면하려고 노력해왔다. "이유가 무엇인가?"라고 묻는 대신, "목적이 무엇인가?"라고 물어야 한다. 나는 항상 이유가 있는지는 알 수 없지만, 하나님이 그의 은혜 안에서 항상 목적을 갖고 계신다는 것은 알기 때문이다.

　'이유'와 '목적'의 차이점은 무엇인가? 이유는 무엇 때문인지를 찾지만, 목적은 무엇을 위한 것인가에 주목한다. 이유는 일어난 일을 이해하게 해줄 논리적 설명을 원한다. 목적은 무슨 일이 일어났든지 간에 하나님이 선을 이루실 수 있다는 소망을 우리에게 준다.

　예수님과 그의 제자들이 날 때부터 맹인인 사람을 우연히 만나셨을 때(요한복음 9장), 또는 실로암에서 망대가 무너져 열여덟 사람이 죽었다는 소식을 들으셨을 때(누가복음 13장) 예수님이 무슨 말씀을 하셨는지 기억나는가? 사람들이 와서 그분께 물었다.

"왜 이런 일이 일어난 겁니까? 설명해주십시오."

사람들은 이유를 알기 원했다. 하지만 예수님은 그들이 잘못된 질문을 하고 있다고 말씀하셨다. 그분은 여러 말씀에서 "이런 일들이 일어나지만, 여기서 이루어질 하나님의 역사를 바라보라"고 설명하셨다. 예수님은 그들에게 이유를 말씀해주지 않으셨지만, 목적이 있다는 것을 분명히 확신시켜 주셨다.

고통 속에서 하나님이 우리에게 주시는 은혜는 바로 우리의 고통이 아무 목적 없는 것이 아니라는 것이다. 하나님은 고통을 통해 역사하셔서 우리가 더욱더 예수님을 닮게 하실 수 있다.

>>> 은혜가 우리를 힘들게 할 때

해롤드 윌크(Harold Wilke)는 팔이 없이 태어나, 자라면서 다른 아이들에게는 자연스럽게 되는 일들이 그에게는 너무나도 어려웠다. 그는 아주 어릴 때 마룻바닥에서 셔츠를 입기 위해 안간힘을 썼던 이야기를 들려준다. 그의 어머니와 이웃에 사는 어머니 친구는 그가 바닥에서 온몸을 비틀며 애쓰는 것을 가만히 서서 보고 있었다. 그 이웃이 그의 어머니에게 말했다.

"저 불쌍한 아이를 왜 도와주지 않는 거예요?"

그의 어머니는 단호하게 양 팔을 옆구리에 딱 붙이고 턱을 꽉 다물고 서서 모든 본능을 거부하고 있었고, 마침내 이를 악문 채 이렇게 대답했다.

"지금 도와주고 있는 거예요."

고난을 겪고 있거나 어떤 고통을 안고 살아갈 때 전능하신 하나님이 당신을 도와주기 위해 어떤 일을 하셔야 할 것처럼 느껴질 것이다. 하나님이 그분의 은혜로 당신을 도와주고 계실 가능성을 생각해보라. 때로는 은혜가 나를 힘들게 함으로써 나를 도와줄 수 있다. 암 투병 중에 은혜를 발견하기 힘들지만, 어쩌면 하나님은 그 암이 우리의 삶을 돌아보게 하고 우리와 주변 사람들이 영생에 대해 생각하도록 도와주게 하시는지도 모른다. 당신이 상사 때문에 힘이 들 때 하나님의 은혜를 발견하기 힘들지만, 어쩌면 하나님은 그 어려운 상사를 통해 우리가 자제하는 법을 배우고 직장에서 우리의 정체성을 발견하도록 도와주시는지도 모른다. 실직 상태에서 은혜를 발견하기 어렵지만, 어쩌면 하나님은 실직을 통해 우리가 하나님께 의존해 살고 있다는 것을 이해하도록 도와주시는지도 모른다. 어쩌면 하나님은 마음이 깨질 것 같은 고통을 통해 우리의 우상을 드러내시고, 우리가 그분께 소망을 두는 법을 배우도록 도와주시는지도 모른다. 이런 예는 얼마든지 많다. 이것이 어떻게 당신의 삶 속에서 사실로 드러났는가? 당신을 향한 하나님의 은혜는 그가 당신의 고통을 통해 역사하셔서 당신의 삶 속에서 그의 선한 목적을 이루시리라는 것이다.

《순전한 기독교》(Mere Christianity)에서 C. S. 루이스는 우리에게 이런 상상을 해보게 한다.

당신이 살아있는 집이라고 상상해보라. 하나님이 그 집을 다시 짓기 위해 들어오신다. 처음엔 아마도 하나님이 하시는 일을 당신이 이해할 수 있을 것이다. 그는 배수관을 고치고 지붕에 물이 새지 않게 수리를 하신다. 당신은 그런 일들이 필요하다는 것을 알기에 놀라지 않는다. 그런데 이제 그가 그 집을 부수기 시작하는데, 정말 끔찍할 정도로 아프고 이해도 되지 않는다. 도대체 무엇을 하시려는 것인가? 그 이유는 그가 당신이 생각했던 것과 완전히 다른 집을 짓고 계시기 때문이다. 즉 여기에 새 건물을 짓고, 저기에 바닥을 추가하고, 탑을 쌓고, 마당을 만드는 것이다. 당신은 자신이 꽤 괜찮은 오두막으로 지어지는 줄 알았는데, 하나님은 궁전을 세우고 계신 것이다. 그는 오셔서 직접 그 안에 살기 원하신다.[3]

하나님은 우리가 예수님을 닮도록 우리 안에서 일하고 계신다. 지금은 그것이 이해가 안 될 수도 있지만, 그냥 계속 읽으라.

어떤 경우에 우리는 영생에 이르기까지 계속 읽어야 할 것이다. "삶이 힘들다"는 사실과 "하나님은 선하시다"는 진실 사이의 긴장감은 우리가 천국에서 하나님과 함께할 때까지 완전히 해소되지 않을 것이다. 하지만 하늘의 관점에서 볼 때 우리는 마침내 하나님의 은혜가 얼마나 큰지 볼 수 있게 될 것이다.

바울은 고린도후서 4장에서 이것에 대해 말한다.

우리가 잠시 받는 환난의 경한 것이 지극히 크고 영원한 영광의 중한 것을 우리에게 이루게 함이니 우리가 주목하는 것은 보이는 것이 아니요 보이지 않는 것이니 보이는 것은 잠깐이요 보이지 않는 것은 영원함이라

고후 4:17,18

하나님은 당신의 나쁜 것에서 선한 것을 이끌어내실 것이다. 지금은 하나님이 당신을 더 가까이 이끄시거나 당신의 고통을 통해 영광을 받으시는 것을 볼 수 없을지라도, 이것을 기억해야 한다. 즉 당신은 중간에 있다는 것이다. 이것은 당신의 이야기의 끝이 아니다. 계속 읽으라. 은혜가 최종 결정을 내릴 것이다.

>>> 이야기의 결말

몇 년 전에 우리 교회 교인인 크레이그(Craig)라는 사람의 장례식을 인도했다. 그는 건강에 아무 문제가 없었는데, 몇 주 동안 피로감을 느끼고 복통을 겪으니 아내가 병원에 가보라고 재촉했다. 다음날 병원에 갔는데, 검사와 CT 촬영을 위해 응급실로 보내졌다.

정말 몇 분 만에 췌장암 4기에 남은 생이 6개월이라는 진단을 받았다. 그와 그의 아내는 병실에 앉아서 방금 들은 말을 받아들이기 위해 애썼다. 눈물이 뺨을 타고 흘러내렸다. 크레이그는 아내에게 앞으로 무슨 일이 일어나든지 간에 하나님을 신뢰하겠다고 말했다.

나는 그의 장례식 4개월 전에 그를 처음 만났다. 크레이그 부부는 교회 예배가 끝난 후 나에게 자신들을 소개했다. 그는 최근에 췌장암 진단을 받았다면서 자기를 위해 기도해줄 수 있냐고 물었다. 크레이그는 건강하고 강해 보였고, 그 즉시 나는 그에게 유대감을 느꼈다. 나와 비슷한 나이인 데다가, 크레이그는 나처럼 세 명의 아름다운 딸을 둔 아버지였다. 그래서인지 하나님의 치유를 위해 기도할 때 평소보다 약간 더 감정적이었다.

그 후 몇 달 동안 나는 종종 그들 부부의 안부를 물었다. 그는 치료를 받았지만 별 효과가 없었고, 빠르게 악화되었다. 그의 아내는 용감했으나 두려워했다. 우리는 어린 세 딸들에게 아버지의 병에 대해 어떻게 말해줄지에 대해 이야기를 나누었다. 당신이라면 뭐라고 말하겠는가? 어떻게 그 아이들을 준비시키겠는가?

크레이그의 사망 소식을 들었을 때 나는 하나님께 만족할 수 없었다. 전에 하나님이 기적을 일으키시는 것을 보았다. 왜 지금은 그렇게 해주지 않으시는가? 또한 나는 크레이그와 동질감을 느꼈기 때문에 그것이 더욱더 개인적으로 느껴졌다. 하나님의 은혜가 췌장암보다 더크다면, 왜 크레이그를 치유해주시고 그의 딸들과 더 많은 시간을 함께 보내게 해주지 않으셨을까?

그의 장례식을 준비하면서, 나는 인터넷에 접속하여 크레이그와 그아내의 블로그를 읽어보았다. 그들이 겪고 있는 일들을 받아들이고 그것에 대해 다른 사람들과 나누기 위해 시작한 블로그였다. 첫 번째 블로그 글을 읽고 몇 분 있다가 나는 사무실 문을 닫았다. 마음껏 울기위해서였다. 나는 그들의 꾸밈없는 솔직함과 특히 그들의 믿음에 너무나 큰 감동을 받았다. 그리고 마침내 크레이그의 마지막 글을 읽었다.

거울 속의 내 모습을 보면, 병세가 악화되기 시작했음을 알 수 있다. 체중은 53킬로그램으로 줄었다. 얼굴에 뼈만 앙상하게 남아서 면도를 하는데 기분이 이상하다. 얼굴에 튀어나온 뼈들을 모두 깎아내야 할 것 같은 느낌이다. 나의 누런 눈은 황달이 자리잡고 있다는 것을 늘 상기시켜준다. 이것은 곧 모든 것이 결국 멈추기 시작할 거라는 뜻이다. 아무것도 이해가 되지 않으니, 우리가 아직 보지 못한 이것을 받아들일 수가 없다. 내가 천국에서 영생을 누릴 거라는 사실이 힘이 되며, 곧 암이 나을 거라고 생각하니 얼굴에 미소가 지어진다. 장차 내게 펼쳐질 일들을 생각하니 의욕이 생기고, 설레는 맘으로 기대할 이유들이 참 많다.[4]

나는 결국 마지막 문장에 이르렀다. 짧은 문장 뒤에 느낌표가 5개나 붙어 있었다. 크레이그의 마지막 말은 이것이다.

하나님은 선하시다!!!!!

삶은 힘들다.
하나님은 선하시다.
계속 읽어가라.
은혜가 더 크다.

1장 나의 큰 죄악보다 더 큰 용서의 은혜

1. Jeremy W. Peters, "Bloomberg Plans a $50 Million Challenge to the N.R.A.," New York Times, April 15, 2014, http://www.nytimes.com/2014/04/16 /us/bloomberg-plans-a-50-million-challenge-to-the-nra.html.

2. Saint Augustine, Confessions, vol. 5 (UK: Penguin, 2003), 103.

4장 나의 큰 상처보다 더 큰 치유의 은혜

1. Jean Larroux, "Why Bad People Make Good Missionaries," sermon given at Coral Ridge Presbyterian Church, September 2014.

5장 나의 큰 원망보다 더 큰 자유의 은혜

1. Natalie Angier, "If Anger Ruins Your Day, It Can Shrink Your Life," New York Times, December 13, 1990, http://www.nytimes.com/1990/12/13 /health/if-anger-ruins-your-day-it-can-shrink-your-life.html?pagewanted=all.

2. Natalie Angier, "Chronic Anger May Lead to Early Death," Chicago Tribune, December 20, 1990, http://articles.chicagotribune.com/1990-12-20 /news/9004150151_1_chronic-anger-early-mortality-hostile.

6장 나의 큰 보복보다 더 큰 승리의 은혜

1. Ruby Bridges, Through My Eyes (New York: Scholastic Press, 1999), 43.

7장 나의 큰 분노보다 더 큰 화해의 은혜

1. David McCormick, "After Couple Forgave Son's Killer, All Three Were Able to Start New Life," Los Angeles Times, September 1, 1985, http://articles .latimes.com/1985-09-01/news/mn-25735_1_drunk-driver; 참조: William Plummer, "In a Supreme Act of Forgiveness, a Kentucky Couple 'Adopts' the Man Who Killed Their Son," People, August 26, 1985, http://www.people .com/people/archive/article/0,,20091574,00.html.

8장 나의 큰 실망보다 더 큰 평안의 은혜

1. Harvard Mental Health Letter, "In Praise of Gratitude," Harvard Health Publications, November 2011, http://www.health.harvard.edu/newsletter _article/in-praise-of-gratitude.

2. Ed Dobson, Seeing through the Fog: Hope When Your World Falls Apart (Colorado Springs: David C. Cook, 2012), 69?70.

9장 나의 큰 연약보다 더 큰 능력의 은혜

1. Phil Hansen, "Embrace the Shake," TED Talk, 10:01, February 2013, http://www.ted.com/talks/phil_hansen_embrace_the_shake.

2. Joni Eareckson Tada, "Joy Hard Won," Decision, March 2000, 12.

10장 나의 큰 절망보다 더 큰 소망의 은혜

1. Adoree Durayappah, "The Spoiler Paradox: How Knowing a Spoiler Makes a Story Better, Not Worse," Huffington Post, October 24, 2011, http://www.huffingtonpost.com/adoree-durayappah-mapp-mba/spoiler-paradox_b _933261.html.

2. Aggie Hurst, "A Story of Eternal Perspective," Eternal Perspective Ministries, February 18, 1986, http://www.epm.org/resources/1986/Feb/18/story -eternal-perspective/. Excerpted from Aggie Hurst, Aggie: The Inspiring Story of a Girl without a Country (Springfield, MO: Gospel Publishing House, 1986).

3. C. S. Lewis, Mere Christianity (New York: Touchstone, 1996), 176.

4. Craig Merimee, "My End of the Road," The Merimees' Journey, February 29, 2012, http://merimeejourney.blogspot.com/2012/02/my-end-of-road.html.

은혜가 더 크다

초판 1쇄 발행	2017년 3월 20일
초판 10쇄 발행	2024년 2월 21일

지은이	카일 아이들먼
옮긴이	유정희

펴낸이	여진구		
책임편집	안수경 최현수		
편집	이영주 박소영 김도연 김아진 정아혜		
책임디자인	마영애 노지현 | 조은혜 이하은		
기획 · 홍보	진효지		
마케팅	김상순 강성민	마케팅지원	최영배 정나영
제작	조영석 허병용	경영지원	김혜경 김경희

303비전성경암송학교
이슬비전도학교 / 303비전성경암송학교 / 303비전꿈나무장학회

펴낸곳	규장

주소 06770 서울시 서초구 매헌로 16길 20(양재2동) 규장선교센터
전화 02)578-0003 **팩스** 02)578-7332
이메일 kyujang0691@gmail.com 홈페이지 www.kyujang.com
페이스북 facebook.com/kyujangbook 인스타그램 instagram.com/kyujang_com
카카오스토리 story.kakao.com/kyujangbook
등록일 1978.8.14. 제1-22

ⓒ한국어 판권은 규장에 있습니다.
이 출판물은 저작권법에 의해 보호를 받는 저작물이므로 무단 전재와 무단 복제를 할 수 없습니다.

책값 뒤표지에 있습니다.
ISBN 978-89-6097-489-0 03230

규 | 장 | 수 | 칙

1. 기도로 기획하고 기도로 제작한다.
2. 오직 그리스도의 성품을 사모하는 독자가 원하고 필요로 하는 책만을 출판한다.
3. 한 활자 한 문장에 온 정성을 쏟는다.
4. 성실과 정확을 생명으로 삼고 일한다.
5. 긍정적이며 적극적인 신앙과 신행일치에의 안내자의 사명을 다한다.
6. 충고와 조언을 항상 감사로 경청한다.
7. 지상목표는 문서선교에 있다.

하나님을 사랑하는 자 곧 그의 뜻대로 부르심을 입은 자들에게는 모든 것이 合力하여 善을 이루느니라(롬 8:28)

규장은 문서를 통해 복음전파와 신앙교육에 주력하는 국제적 출판사들의
협의체인 복음주의출판협회(E.C.P.A:Evangelical Christian Publishers
Association)의 출판정신에 동참하는 회원(Associate Member)입니다.